小细胞肺癌诊疗培训教程

标准 | 权威 | 规范

国家卫生健康委能力建设和继续教育中心
组织编写

人民卫生出版社
·北京·

图书在版编目（CIP）数据

小细胞肺癌诊疗培训教程 / 国家卫生健康委能力建设和继续教育中心组织编写. -- 北京：人民卫生出版社，2025. 8. -- ISBN 978-7-117-37978-6

Ⅰ. R734. 2

中国国家版本馆 CIP 数据核字第 2025JE4422 号

小细胞肺癌诊疗培训教程
Xiaoxibao Feiai Zhenliao Peixun Jiaocheng

组织编写　国家卫生健康委能力建设和继续教育中心
出版发行　人民卫生出版社（中继线 010-59780011）
地　　址　北京市朝阳区潘家园南里 19 号
邮　　编　100021
E - mail　pmph @ pmph.com
购书热线　010-59787592　010-59787584　010-65264830
印　　刷　三河市潮河印业有限公司
经　　销　新华书店
开　　本　850×1168　1/32　印张：4
字　　数　74 千字
版　　次　2025 年 8 月第 1 版
印　　次　2025 年 8 月第 1 次印刷
标准书号　ISBN 978-7-117-37978-6
定　　价　39.00 元

打击盗版举报电话　010-59787491　E-mail　WQ @ pmph.com
质量问题联系电话　010-59787234　E-mail　zhiliang @ pmph.com
数字融合服务电话　4001118166　　　E-mail　zengzhi @ pmph.com

领导小组名单

编 委 会 主 任 张建兵　张　力

编委会执行主任 宋仙保　周建英　周清华

编委会办公室 金　真　夏园丽

编者名单

主　编　张　力
副主编　韩宝惠　周建英　周清华
编　委　（按姓氏笔画排序）

于　壮　青岛大学附属医院
王启鸣　河南省肿瘤医院
王琳琳　山东省肿瘤医院
石安辉　北京大学肿瘤医院
吕镗烽　中国人民解放军东部战区总医院
朱正飞　复旦大学附属肿瘤医院
任胜祥　上海市肺科医院
邬　麟　湖南省肿瘤医院
刘宏旭　辽宁省肿瘤医院
刘雨桃　中国医学科学院肿瘤医院
刘晓晴　解放军总医院第五医学中心
李际盛　山东大学齐鲁医院
李咏生　重庆大学附属肿瘤医院
李满祥　西安交通大学第一附属医院
杨　农　湖南省第二人民医院
杨　萌　中日友好医院
张　力　中山大学肿瘤防治中心
林冬梅　北京大学肿瘤医院
周建英　浙江大学医学院附属第一医院
周承志　广州医科大学附属第一医院
周清华　四川大学华西医院
黄　岩　中山大学肿瘤防治中心
韩宝惠　上海市胸科医院

前　言

　　小细胞肺癌是一种具有高侵袭性和快速生长特性的恶性肿瘤，约占所有肺癌病例的15%。面对其复杂的诊断、分期及治疗管理挑战，我们深感在基层医疗单位，尤其是中国县域的临床医生需要一本系统且易于实施的培训教程，以提升对小细胞肺癌的诊疗水平，进而提升患者的生存期，并改善其生活质量。本书应运而生，旨在为中国县域肿瘤学工作者提供最新的、实用的诊疗指南和科学依据，全面提升小细胞肺癌诊治水平。

　　本书的编写基于系统性和实用性，包括小细胞肺癌的现状与发展，筛查、诊断和分期，治疗，免疫不良反应管理，全程管理共五章。特别值得一提的是，本书纳入国际肿瘤学大会的最新研究成果，将国际前沿的研究进展与本土医疗实践相结合，为临床工作者提供全面且具有前瞻性的指导。本书在每一个临床场景中提供了诊治的基本策略和可选策略两部分，基本策略包括已获批肺癌适应证并纳入国家医保的诊治措施，可选策略则根据可及性及证据支持强度，分为Ⅰ级和Ⅱ级。这种分级推荐，可以帮助临床医师在有限的资源条件下，根据患者情况灵活选择合适的治疗方案。

编写本书的过程中，我们特别注重以下原则：①科学性和循证性，所有诊疗推荐均基于高级别循证医学证据；②临床实用性，内容设计充分考虑县域医疗机构实际条件，确保可操作性强；③前沿时效性，整合国际最新诊疗指南与技术创新，为临床医师提供与时俱进的解决方案。

本书编写团队由临床一线的专家学者组成，他们不但具有丰富的临床经验，还对中国基层医疗的实际需求有深入理解。读者对象主要是从事小细胞肺癌诊疗工作的县域医生、药师及相关医务人员，同时本书也适合肿瘤学科的研究人员和医学生使用。希望这本教程能为广大临床医生提供实用而科学的专业指导，造福更多患者。

在本书的编写过程中，我们得到了许多肿瘤学界同仁的大力支持与帮助，在此深表感谢。同时，由于小细胞肺癌诊疗领域进展较快，本书难免有不足之处，敬请各位同仁在使用过程中给予指正。

张力

2024 年 10 月

目录

第一章

小细胞肺癌的
现状与发展

第一节　小细胞肺癌的疾病特征

一、流行病学和危险因素

（一）流行病学

肺癌位居我国恶性肿瘤发病率和死亡率首位，堪称"癌症头号杀手"。按照组织病理学类型的差异，肺癌分为非小细胞肺癌（non-small cell lung cancer，NSCLC）和小细胞肺癌（small cell lung cancer，SCLC）两大类。其中，SCLC作为一种生物学上相对复杂的恶性肿瘤，是肺癌中侵袭性最强的分型，具有恶性程度高、细胞增殖快、病情进展迅速、易转移、复发率高等特点。SCLC约占所有肺癌的15%，全球每年大约有25万名患者被诊断为SCLC，有约20万人因此离世[1]。国家癌症中心肿瘤登记数据中关于城乡对比分析结果显示，农村地区的恶性肿瘤粗发病率虽然略低于城市地区，但已经非常接近，如包括广泛期SCLC在内的肺癌的粗发病率分别是55.23/10万和63.36/10万[2]。但县域基层医院诊疗水平参差不齐，医疗资源相对匮乏，在患者规范化管理方面仍有较长的路要走。

（二）危险因素

1. 吸烟　吸烟是导致SCLC的主要危险因素，有超过95%的SCLC病例与吸烟有关。在一些研究中，研究人员测试了吸烟的持续时间、吸烟强度（包/年）、戒烟时间和开始吸烟的年龄与肺癌风险之间的关系。研究结果显示，与NSCLC类似，当前仍在吸烟的人群SCLC的发病风险要明显高于已经戒烟或者从不吸烟人群；尽管戒烟可以快速降低患癌风险，但是戒烟35年后，其肺癌风险仍然高于基线水平。同时，如果在短时间内吸烟的强度越大、持续时间越长，那么患者的患癌风险就越高[3-4]。另一个值得关注的点是开始吸烟年龄。研究显示开始吸烟的年龄偏小会显著增加罹患肺癌尤其是SCLC的风险[3]，青少年吸烟相关的上皮细胞变化可能导致肺癌风险的增加，并且这种增加与吸烟的持续时间和强度无关：与从不吸烟的男性相比，15岁前就开始吸烟的男性发生SCLC的风险最高；15岁后开始吸烟的男性SCLC发病风险缓慢下降；在女性群体中15～20岁吸烟仍旧会增加患肺癌的风险。

2. 非吸烟相关因素　除吸烟外，有2%～3%的SCLC患者从不吸烟，这主要与一些环境（二手烟）、职业暴露、激素等有关。在很多人群中，居民接触氡是仅次于吸烟的第二大SCLC发病风险，此前的研究显示：住宅中氡的含量增加和SCLC的发病风险显著增加有关[5]；同时氡暴露也与患者体内的抑癌基因*TP53*突变有关，有近90%的SCLC患者被证实有该突变，而在NSCLC患者中仅为23%～65%[6-7]。除此之外，职业暴露也是导致SCLC的重要原因之一，大约有15%的男性和5%的女性SCLC患者与职业暴露有关，包括从事接触石棉、柴油发动机排放物及其他多环芳烃、结晶二氧化硅、砷和一些重金属行业的工作[8-9]。另外空气污染、激素、饮食等也被认为可能在SCLC发生发展过程中发挥作用[10-11]，不过仍旧需要进一步的研究支撑。

二、分子特征和生物标志物

（一）分子特征

在几乎所有SCLC病例中，抑癌基因*TP53*和*RB1*的失活普遍存在，表明*TP53*和*RB1*的双失活是SCLC发生的必要条件之一，*TP53*和*RB1*单个基因失活占比分别为90%和50%~90%[12-13]。由于*TP53*和*RB1*的普遍缺失和细胞的神经内分泌上皮分化，SCLC最早被认为是分子同源的。随着研究的深入，人们逐渐发现不同的SCLC肿瘤间存在异质性，甚至同一个SCLC患者的不同肿瘤细胞间也可能存在肿瘤内异质性，因此将SCLC分为经典型和突变型。随后，根据肿瘤细胞是否具有神经内分泌状态特征，将其分为神经内分泌型（NE）和非神经内分泌型（non-NE）SCLC。

近年来，人们根据人原发性肿瘤组织、癌细胞系、PDX小鼠移植瘤和基因工程小鼠的大量多组学测序数据和SCLC发生发展分子机制的深入研究，提出按照

SCLC 细胞内转录因子的表达差异进行分子分型。目前被广泛认可的分型模式是 Rudin 等[14-15]基于 SCLC 81 例肿瘤样本和 54 株细胞系的基因表达谱鉴定出的 SCLC-A、SCLC-N、SCLC-P、SCLC-Y 共 4 种分子亚型，分别以表达转录因子 ASCL1、NEUROD1、POU2F3、YAP1 为主要特征，其中 SCLC-A 和 SCLC-N 亚型为神经内分泌亚型，SCLC-P 和 SCLC-Y 亚型为非神经内分泌亚型。总体而言，SCLC 的分子图谱较为复杂，具有异质性，多种分子变异导致其侵袭性表型。了解 SCLC 的潜在分子机制，对于推动 SCLC 的精准治疗、改善患者的预后具有重要意义。

（二）生物标志物

"液体活检"是一种通过采集体液样本，分析肿瘤来源的细胞外囊泡、循环肿瘤细胞（CTC）和循环肿瘤 DNA（ctDNA）等生物标志物，以实现癌症监测的非侵入性技术。例如，SCLC 细胞表达不同的肿瘤特异性标志物，包括 DLL-3，可能与 SCLC 患者预后较差有关[16]。然而，这些生物标志物是否会影响人群癌症控制，特别是具有侵袭性生物学行为的癌症（如 SCLC）仍然未知。目前，SCLC 患者的 CTC 数量似乎较多，被认为是临床治疗效果评估的预后生物标志物[17]。同样，CTC 来源的 DNA 和血浆游离 DNA 及其分子变异已被认为是潜在的非侵入性生物标志物，有助于预测治疗效果和 SCLC 复发情况[18]。此外，对细胞外囊泡（如外泌体）的分析似乎可作为液体活检中各种分析物的替代来源。该方法有可能对识别用于SCLC患者诊断和监测的新生物标志物以及开发有希望的预后模型具有重要临床意义。新兴的预测和预后生物标志物对于为SCLC患者选择最合适的治疗方案非常重要，不可或缺。

目前，在约20%的SCLC患者中发现*MYC*分子变异，这是继*TP53*和*RB1*之后第三常见的分子变异，也是靶向治疗的潜在生物标志。同时，Schlafen 11（SLFN11）作为一种DNA/RNA解旋酶，可使癌细胞对DNA损伤药物敏感。最新的科学证据表明其或可作为预测多种疗法（包括铂类和PARP抑制剂）是否有效的潜在生物标志物，CTC中SLFN11表达为SCLC患者DNA损伤化疗药物和PARP抑制剂敏感性提供了潜在的生物标志物[19-20]。因此，通过液体活检检测CTC中SLFN11可能为组织取样提供有价值的非侵入性替代方案。

第二节　中国县域小细胞肺癌临床诊疗现状与发展

　　SCLC作为一种高度侵袭性和难以治疗的肺癌类型，其诊疗技术的先进性和可及性在县域医院尤为关键。目前，县域医院在引进和应用正电子发射计算机体层显像仪（PET/CT）、全身骨扫描、电磁导航支气管镜等先进技术时存在诸多限制。因此，在制定SCLC的诊疗规范和质控标准时，必须充分考虑到县域医院的实际情况，提出切实可行的诊疗策略。同时，药物治疗在SCLC的诊疗中占据重要地位。然而，由于县域医院在药品采购和使用上的限制，以及不同药物在不同地区的可及性差异，县域医院在药物治疗方面面临诸多挑战。

　　当前，肺癌诊疗实践主要参考的临床指南包括《中国临床肿瘤学会（CSCO）小细胞肺癌诊疗指南2023》[21]，《中华医学会肺癌临床诊疗指南（2023版）》[22]，国家卫生健康委《原发性肺癌诊疗指南（2022年版）》[23]，美国国立综合癌症网络（NCCN）《小细胞肺癌临床实践指南（2023年版）》[24]等。上述指南规范了肺癌的临床诊疗实践，促进了肺癌先进诊疗方案的落地实施。但在执行层面亟待强化，临床实操性还需进一步提升。《中

国县域肺癌临床诊疗路径（2023版）》指出[25]，根据
每一个临床场景的诊治可将诊疗推荐分为基本策略和可
选策略两部分，基本策略为已经在中国获批肺癌适应
证，并且纳入《国家基本医疗保险、工伤保险和生育
保险药品目录》的诊治措施。可选策略分为两级：Ⅰ级
为已经在中国获批肺癌适应证，但尚未纳入《国家基
本医疗保险、工伤保险和生育保险药品目录》的诊治
措施；Ⅱ级为有高级别循证医学证据支持并且在中国
具备可及性但尚未在中国获批肺癌适应证的诊治措施
（表1-2-1）。

表1-2-1　县域肺癌临床诊疗路径基本策略及可选策略推荐
等级的意义

推荐等级	标准
基本策略	已经在中国获批肺癌适应证，并且纳入《国家基本医疗保险、工伤保险和生育保险药品目录》的诊治措施
可选策略	
Ⅰ级	已经在中国获批肺癌适应证，但尚未纳入《国家基本医疗保险、工伤保险和生育保险药品目录》的诊治措施
Ⅱ级	有高级别循证医学证据支持并且在中国具备可及性但尚未在中国获批肺癌适应证的诊治措施

　　总之，县域医院在SCLC的诊疗中发挥着重要作
用，县域医院在SCLC的诊疗中应注重以下几个方面：

一是加强SCLC的早期筛查和诊断,提高患者的早诊早治率;二是加强SCLC的规范化治疗,确保患者能够按照指南进行规范治疗;三是加强SCLC的全程管理,提高患者的生存质量和预后效果。

第二章

小细胞肺癌的
筛查、诊断和分期

第一节 小细胞肺癌的筛查

由于SCLC恶性程度高，早期极易发生远处转移，确诊时多为晚期，预后极差。而早期发现是延长SCLC患者生存期的有效方法，但目前尚无专门针对SCLC筛查的临床试验，多为肺癌高危人群的筛查研究。2011年，美国国家肺癌筛查试验显示[26]，与胸部X线相比，低剂量螺旋CT筛查的高危人群，肺癌相关死亡率降低了20%[27]。

目前，我国低剂量螺旋CT肺癌筛查的开展也日益广泛，自2010年起先后启动了农村和城市肺癌筛查项目，各省市也开展了一些低剂量螺旋CT肺癌筛查的公共卫生服务或研究[28]。因此推荐对高危人群进行低剂量螺旋CT筛查作为基本策略。具体而言，对于45岁以上、有恶性肿瘤家族史、重度吸烟或被动吸烟史、接触过粉尘和有害有毒气体的高危人群，建议每年进行一次低剂量的螺旋CT筛查，以发现早期周围型肺癌，如果第一次筛查为正常，可以隔年再筛查一次。此外，对于重度吸烟的人群，可以进行荧光支气管镜检查以发现中央型黏膜下的早期肺癌。

第二节　小细胞肺癌的影像和分期诊断

一、影像诊断

胸部增强CT、头部增强MRI或增强CT、上腹部增强CT或超声、颈部/锁骨上淋巴结超声或CT、全身骨扫描及PET/CT是SCLC分期和诊断的主要方法（表2-2-1）。FDG PET/CT对分期诊断有较好的效能，近期数据显示，PET/CT可以改善SCLC患者的分期和治疗计划[29]；另外有临床试验和随机对照试验（RCT）发现[30-32]，肺癌患者通过FDG PET/CT扫描可以降低进行开胸手术的比例（17%～20%）。但由于PET/CT价格昂贵，故仅作为可选策略推荐；SCLC诊断时脑转移的发生率为10%～18%，其中，将近30%的患者无脑转移相关症状，PET/CT在发现脑转移方面不如MRI或者CT。Tatjana Seute等对比了481名不同时期SCLC患者脑转移发生的流行病学数据，发现在CT时期SCLC脑转移的发生率为10%，而MRI时期发生率高达24%，其中11%的患者为无症状脑转移，并且多发脑转移的检出率也明显增高[33]。当纵隔淋巴结或浆膜腔积液影响治疗决策，而现有手段又难以确认时，推荐经支气管镜腔内超声（EBUS）、浆膜腔积液穿刺等有创手段明确纵隔淋巴结或浆膜腔积液性质;由于痰细胞学容易产生诊断错误,在组织学检查可行的情况下,应减少痰细胞学的应用(表2-2-2)。

表2-2-1　不同影像检查项目优缺点

检查项目	优点	缺点
胸部X线摄影	简便、放射损伤小	检出率低
胸部CT	简便、灵敏度高	免疫治疗等非常规缓解模式的疗效评价能力有限
MRI	判断胸壁或纵隔受侵情况,观察脑、椎体有无转移	不用于肺癌常规诊断
PET/CT	肺癌诊断、分期、手术评估、放疗靶区勾画、评估疗效和预后	价格高、判断脑转移的灵敏度相对略差
超声	检查胸腹腔脏器及浅表淋巴结,指导定位穿刺	不直接用于肺部检查
骨扫描	筛查骨转移的首选方式	特异度低

表2-2-2　影像学策略选择以及检查目的

策略	筛查	诊断	影像分期	获取组织或细胞学技术
基本策略	高危人群低剂量螺旋CT	胸部增强CT	胸部增强CT、头部增强MRI或增强CT、上腹部增强CT或超声、颈部/锁骨上淋巴结超声或CT	纤维支气管镜、经皮肺穿刺、淋巴结或浅表肿物活检、体腔积液细胞学检查

续表

策略	筛查	诊断	影像分期	获取组织或细胞学技术
可选策略				
Ⅰ级	—	PET/CT	全身骨扫描、PET/CT	电磁导航支气管镜、经支气管镜腔内超声/内镜超声、胸腔镜、纵隔镜
Ⅱ级	—	—	—	痰液细胞学

二、分期方法

NCCN指南、CSCO指南等建议临床使用VALG分期法和TNM分期系统两者相结合的方法对SCLC进行分期，因其更能准确地指导治疗和评估预后。AJCC TNM分期方法与VALG二期分期法相结合的定义如下。

局限期：AJCC（第8版）Ⅰ~Ⅲ期（任何T，任何N，M_0），可以安全使用根治性的放疗剂量。排除$T_{3~4}$由于肺部多发结节或者肿瘤/结节体积过大而不能被包含在一个可耐受的放疗计划中。

广泛期：AJCC（第8版）Ⅳ期（任何T，任何N，$M_{1a/b/c}$），或者$T_{3~4}$由于肺部多发结节或者肿瘤/结节体积过大而不能被包含在一个可耐受的放疗计划中。

值得注意的是，放疗技术的发展推动了SCLC分期的变革。对于 $T_{3\sim4}$ 期的患者，如果其肺部多发结节或肿瘤/结节体积虽大但能通过先进的放疗技术得到有效治疗，倾向于将这些患者尽可能归入局限期，以便提供更积极的治疗选择。

第三节 小细胞肺癌的病理学诊断

一、小细胞肺癌定义及组织学亚型

（一）SCLC定义及组织学亚型

肺神经内分泌肿瘤（NENs）主要分为低级别、中级别、高级别，SCLC属高级别神经内分泌癌（图2-3-1）。

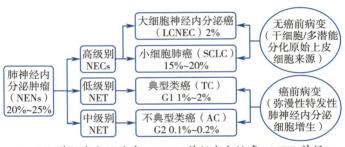

NENs.神经内分泌肿瘤；NECs.神经内分泌癌；NET.神经内分泌瘤。

图2-3-1 肺神经内分泌肿瘤分类

低级别及中级别NENs的癌前病变为弥漫性特发性肺神经内分泌细胞增生，高级别神经内分泌癌（NECs）无癌前病变。因此尽管典型类癌（TC）/不典型类癌（AC）复发转移，但不会转变成SCLC/大细胞神经内分泌癌（LCNEC）。弥漫性特发性肺神经内分泌细胞增生在2021版WHO肿瘤学国际疾病分类中编码为0，即良性；肺NENs在2021版WHO肿瘤学国际疾病分类中编码均为3，即原发恶性。肺NENs诊断标准（表2-3-1），与其他器官有所不同。

表2-3-1　肺NENs诊断标准

标准	典型类癌	不典型类癌	大细胞神经内分泌癌	小细胞肺癌
临床特征				
平均年龄/岁	60	60	70	70
性别倾向	女性	女性	男性	男性
吸烟相关	否	不一定	是	是
诊断标准				
核分裂象/2mm^2	0～1	2～10	>10（中位70）	>10（中位70）
坏死	无	灶状、点状	有	有
免疫组化				
Ki-67指数	≤5%	≤30%	40%～80%	50%～100%
TTF-1表达	大部分–	大部分–	50%+	85%+
Syn/CgA	+	+	（80%～90%）+	（80%～90%）+
CD56	+	+	（80%～90%）+	（80%～90%）+

依据2021版WHO肺NENs分类[34]，肿瘤细胞直径小于3个静止期淋巴细胞，圆形、卵圆形或梭形，染色

质细颗粒状无/不明显核仁、胞质少或裸核、细胞界限不清，坏死明显，SCLC需要进一步免疫组化明确诊断。对于具有神经内分泌形态学特征的细胞学、活检及手术标本，使用免疫组化抗体标记后可进行明确诊断[35-36]；对于不具有神经内分泌形态学特征的肿瘤，不推荐进行神经内分泌标志物染色。活检标本中，对于神经内分泌肿瘤中的类癌、不典型类癌及复合型大细胞神经内分泌癌等，因需要充分观察标本病理改变而难以明确的病例，建议给予提示性诊断。

（二）临床实践注意事项

1. CD56灵敏度高而特异度差，CgA反之，有5%～10%病例为阴性。

2. CK染色为核旁点状阳性。

3. TTF-1虽常作为腺癌指标，但需注意其在90%～95% SCLC中为阳性。

4. Ki-67在SCLC中阳性率>30%，通常为65%～100%。

5. 2023版CSCO小细胞肺癌诊疗指南推荐指标胰岛素瘤相关蛋白1（INSM1），其可提高NE标志物指标特异度；RB1蛋白缺失表达及p53蛋白异常（过表达或完全缺失）是SCLC的特征性病理表现，可为病理诊断提供重要支持性依据。近期研究显示POU2F3对于非神经内分泌亚型的小细胞癌病理诊断具有较好补充价值[37]。

6. 其他指标主要针对相应的鉴别诊断需求，选择不同的指标组合染色。

二、小细胞肺癌组织病理学鉴别诊断

（一）SCLC 与其他肺 NENs 的鉴别诊断[21]

1. 支气管活检　由于活检样本小且受挤压，高级别神经内分泌癌与 TC/AC 在形态学上及其他免疫组化指标难以鉴别，此时推荐根据 Ki-67 指数是否超过 30% 阈值辅助判断。

2. 与 LCNEC 鉴别　免疫组化指标不能有效鉴别二者，仍然推荐以形态学为主鉴别二者。LCNEC 具有典型非小细胞癌特征，即胞质丰富、核仁明显或不明显。

3. 不同分化程度肺 NENs 常用标志物表达有差异（表 2-3-2）。

表 2-3-2　不同分化程度肺 NENs 常用标志物阳性表达差异

指标	类癌	小细胞肺癌	大细胞神经内分泌癌	肺非神经内分泌肿瘤
Syn	91%	54%（弱阳性）	87%	<10%
CgA	93%	25%~37%	60%~70%	<10%
CD56	76%	97%	92%	<10%

（二）SCLC 与其他肿瘤的鉴别诊断

1. 基底样鳞状细胞癌（P40 染色区分）。

2. 肺外小细胞肿瘤或淋巴瘤（病史及 LCA 和 CK 等指标）。

3. 胸部 *SMARCA4* 缺陷型未分化肿瘤（缺乏形态学或表型分化特征，BRG1 表达缺失）。

4. 转移性梅克尔（Merkel）细胞癌（CK20+，但 TTF–1、CK7–）。

5. 尤因（Ewing）肉瘤（伴 *EWSR1* 重排）。

6. 其他小圆细胞肉瘤（不伴 *EWSR1* 重排）。

7. 表达神经内分泌标志物指标的其他肿瘤类型　如胸腺癌、*SMARCA4* 缺陷型肿瘤、转移性肾上腺皮质肿瘤等。

（三）复合型 SCLC 及小细胞转化

大约 20% SCLC 伴有非小细胞癌的成分：大细胞神经内分泌癌（LCNEC）、鳞状细胞癌、腺癌、大细胞（LCC）/巨细胞或梭形细胞癌成分。对于大部分复合型 SCLC 无含量要求。但当 SCLC 合并 LCNEC 或者 LCC 时，含量少的成分至少有 10% 才能诊断复合型 SCLC/LCNEC 或复合型 SCLC/LCC。同时，此种情况归为复合型 SCLC。在复合型 SCLC 中，两种表型不同成分具有共同的分子特征改变，越来越多的研究支持"不同成分来自共同祖先的单克隆起源"假说。

NSCLC 转化为 SCLC 常发生在 EGFR–TKI 或其他

驱动基因靶向治疗获得耐药患者再次活检诊断。有研究显示转化前后两种成分均具有相同的 *EGFR*、*TP53* 及 *RB1* 基因的改变，SCLC 主要克隆不是直接从诊断时肺腺癌进化而来，而是从肺腺癌祖细胞进化而来，与复合型 SCLC 有相似的分子遗传学改变特征[38]，因此猜想 SCLC 转化很可能是复合型 SCLC 不同临床阶段的表现或由于活检样本所提供的组织学类型有限所致。

第三章

小细胞肺癌
的治疗

第一节　概述

尽管SCLC的2年生存率从2001—2002年的36%提升到2015—2016年的46%，但是出现转移的患者预后仍然较差，2年相对生存率仅为7%～8%，中位生存期仅为7个月[39]。然而和NSCLC不同的是，直到2018年，除铂类化疗和放疗的标准组合外，SCLC的治疗尚未出现重大的治疗进展。不过近些年来，随着免疫治疗的进展，SCLC患者的生存期有所延长。

第二节 局限期小细胞肺癌的初始治疗

对于可手术的局限期SCLC，标准治疗为以根治性手术切除为主，依据术后病理分期结合辅助化疗联合/不联合胸部放疗；对于不可手术的局限期SCLC，可根据患者耐受度分层，首选化疗同步/序贯放疗（表3-2-1）。

表3-2-1 局限期SCLC的治疗

| 策略 | T_{1-2}，N_0期 | | 超过T_{1-2}，N_0期 | | |
	适合手术的患者	不适宜/不愿接受手术患者	PS评分0~2分	PS评分3~4分（SCLC所致）	PS评分3~4分（非SCLC所致）
基本策略	①肺叶切除术+肺门、纵隔淋巴结清扫术；②术后N_0期辅助化疗：依托泊苷+顺铂/卡铂；③术后N_1期：辅助化疗±纵隔淋巴结放疗；④术后N_2期：辅助化疗+纵隔放疗	化疗+同步/序贯放疗（SABR/SBRT）	①化疗+同步/序贯放疗；②化疗：依托泊苷+顺铂/卡铂	①化疗±放疗；②化疗：依托泊苷+顺铂/卡铂	支持治疗
可选策略					

续表

策略	$T_{1\sim2}$, N_0 期		超过 $T_{1\sim2}$, N_0 期		
	适合手术的患者	不适宜/不愿接受手术患者	PS评分 0~2分	PS评分 3~4分 (SCLC所致)	PS评分 3~4分 (非SCLC所致)
Ⅰ级	PCI	CR或PR的患者：PCI	CR或PR的患者：PCI	CR或PR的患者：PCI	—
Ⅱ级	—	—	—	—	—

注：PCI.预防性脑放疗；SABR.立体定向消融放射治疗；SBRT.立体定向放射治疗；PS评分.体力状况评分；CR.完全缓解；PR.部分缓解。

一、手术治疗

（一）可手术局限期SCLC患者（$T_{1\sim2}$，N_0）的治疗

建议对经纵隔分期证实的纵隔淋巴结阴性的临床分期为Ⅰ~ⅡA期（$T_{1\sim2}$，N_0）的SCLC患者进行手术。根据分期标准肿瘤直径达5cm（T_{2b}）而无淋巴结受累（N_0）的被归类为ⅡA期，手术可纳入临床ⅡA期SCLC患者。肺叶切除术+肺门、纵隔淋巴结清扫术，以及术后N_0、N_1、N_2相关治疗方案为基本策略推荐。完全切除且术后病理提示N_0的患者推荐辅助化疗，方案包括依托泊苷+顺铂（EP）、依托泊苷+卡铂（EC）；术后病理显示肺门和/或纵隔淋巴结阳性（N_+）的患者，除辅助化疗外，还应当结合术前影像学检查及术后病理，考虑行术后辅助放疗。

（二）手术治疗的获益与局限

一项前瞻性RCT评价了手术在SCLC中的作用[40]。局限期患者（不包括孤立性外周结节患者）接受5个周期的环磷酰胺、多柔比星和长春新碱化疗，对化疗有应答的患者随机接受胸部放疗（RT）联合或不联合手术切除。两组患者的总生存率相当，表明在这种情况下手术没有获益。而入组的患者仅19%临床分期为Ⅰ期（$T_{1\sim2}N_0M_0$）。同时，数据显示，有淋巴结侵犯（即$T_{1\sim3}$、$N_{1\sim3}$、$M_{0\sim1}$）的SCLC患者不能从手术中获益。

研究显示，不到5%的SCLC患者为真正的Ⅰ至ⅡA期疾病[41]。大多数关于手术在SCLC中作用的研究数据显示，Ⅰ期患者的5年生存率为40%～60%[42]。在大多数研究中，更晚一些的伴有淋巴结受累的患者的生存率显著下降，因此一般建议仅推荐在Ⅰ～ⅡA期（$T_{1\sim2}N_0M_0$）的患者手术治疗。这些研究结果的解释受到回顾性研究固有的选择偏倚以及使用了不同的化疗和放疗的限制。一项关于局限期SCLC新辅助治疗的临床试验结果显示[43]，新辅助化疗联合阿替利珠单抗治疗显著提高了SCLC的病理完全缓解（pCR）率，没有增加不良事件（AE）的发生率，但是否存在生存获益尚不清楚。虽然现有的包括NCCN、CSCO在内的多项指南建议$T_{1\sim2}N_0M_0$局限期SCLC进行手术治疗，但是缺乏RCT证据的支持。需要前瞻性RCT来确定与单纯放化疗或联合免疫治疗相比，在短期和长期死亡率以及生活质量方面手术是否能够带来获益。目前，包括上海市肺科医院陈昶教授团队等多项关于SCLC的前瞻性临床试验正在进行当中，其结果可为后续SCLC的外科治疗提供重要的依据。

二、放疗

（一）可手术局限期SCLC患者（$T_{1\sim2}$，N_0）的术后放疗

局限期SCLC（$T_{1\sim2}N_0$，Ⅰ～ⅡA）且手术切缘阴性（R_0切除），术后建议根据有无病理淋巴结转移在辅助化疗基础上选择术后放疗。对于病理N_0的患者，推荐仅用辅助化疗。术后病理提示N_1的患者，推荐行辅助化疗±纵隔放疗；术后病理提示N_2的患者，推荐行辅助化疗+纵隔放疗；术后放疗与辅助化疗同步或序贯均可；NCCN推荐完全切除术后可以选择预防性脑放疗（PCI），也可以选择头颅MRI监测；CSCO将PCI作为Ⅲ级推荐（3类）。如果为R_1/R_2切除，推荐辅助化疗联合术后同步放化疗。

R_0切除后的SCLC术后放疗靶区范围处于争议中；CSCO推荐辅助放疗靶区主要包括同侧肺门、同侧纵隔和隆凸下等局部复发高危区域；NCCN推荐术后放疗靶区和剂量参考NSCLC，包括支气管残端和高危引流淋巴结区。R_0切除后的标准放疗剂量为50～54Gy，1.8～2Gy/次；R_1/R_2切除后的患者，还应给予残留病灶局部加量。剂量参考表3-2-2。

表3-2-2　可手术局限期SCLC患者术后放疗剂量

术后放疗的治疗类型	总剂量/Gy	分割大小/Gy	治疗持续时间/周
切缘阴性	50~54	1.8~2	5~6
淋巴结包膜外扩散或镜下切缘阳性	54~60	1.8~2	6
肉眼肿瘤残余	60~70	2	6~7

（二）$T_{1\sim2}N_0M_0$期SCLC的放疗

对于$T_{1\sim2}N_0M_0$的早期SCLC，如果患者因高龄、伴随严重内科合并症等不能耐受手术或不愿意接受手术治疗，PS评分0~2分，可以给予根治性同步放化疗（1.5Gy/次，每天2次，共45Gy或1.8~2Gy/次，每天1次，共60~70Gy；同步化疗方案推荐EP/EC）。这部分患者也可以推荐立体定向消融放射治疗（SABR），又称立体定向放射治疗（SBRT），来治疗原发肿瘤，然后进行辅助全身治疗。SABR/SBRT的剂量分割方案以及正常组织剂量限制可参考早期NSCLC。尽量使生物等效剂量≥100Gy，以更好控制肿瘤，获得长期生存。但与接受SABR/SBRT治疗的早期NSCLC不同，早期SCLC接受SABR/SBRT治疗后，辅助全身治疗仍然不可缺少。CR或者PR的患者，NCCN推荐可以选择PCI，也可以选择脑MRI监测；CSCO将PCI作为Ⅲ级推荐（3类）。

（三）分期超出 $T_{1\sim2}N_0M_0$ 局限期 SCLC 的放疗

超出 $T_{1\sim2}N_0M_0$ 的局限期 SCLC 患者，同步放化疗为标准治疗。如果患者不能耐受，也可行序贯化放疗。经Ⅲ期 RCT 验证，使用 EP 同步放疗相较于序贯放疗，可有效提升局限期 SCLC 患者的 5 年总生存（OS）率（23.7% *vs.* 18.3%）[44]。既往一项研究评估了胸部放疗时机在局限期 SCLC 联合治疗中的重要性，结果显示，在化疗第 2 个周期开始放疗与第 6 个周期开始放疗相比可显著改善患者的无进展生存期（PFS）（15.4 个月 *vs.* 11.8 个 月；$P=0.036$） 和 OS（21.2 个 月 *vs.* 16.0 个 月；$P=0.008$）[45]，因此局限期 SCLC 患者使用胸部放疗应在化疗的第 1～2 个周期尽早介入（Ⅰ类证据）；从任何治疗开始到放疗结束的时间（SER）越短，生存率的提高越显著。对于特殊的临床情况，如肿瘤巨大、合并肺功能损害或者阻塞性肺不张等，可考虑 2 个周期化疗后进行放疗。同步化疗方案推荐使用 EP/EC，每个周期 21～28 天。

对其中一般状态好（PS 评分 0～2 分）者，NCCN 推荐同步放化疗，CSCO 推荐同步或序贯放化疗；而对一般状态较差（PS 评分 3～4 分）者，如果 PS 评分由 SCLC 因素导致，应充分综合考虑各种因素，谨慎选择治疗方案，如化疗（单药或者减量联合方案），如果治疗后 PS 评分能够达到 0～2 分，推荐同步或序贯放化疗，如果 PS 评分仍无法恢复 2 分以上，则根据具体情况决定是否采用胸部放疗；如果为非SCLC因素导致，则推荐最佳支持治疗，经对症支持治疗后，如果PS评分恢复至0~2分，可按照PS评分0~2分的策略治疗。老年人不能仅根据年龄确定治疗方案，根据机体功能状态指导治疗更有意义，谨慎明智地选择化疗与放疗的联合。CR或者PR的患者，CSCO将PCI作为Ⅱ级推荐（1类）。NCCN推荐可以选择PCI，也可以选择脑MRI监测。

（四）胸部根治性放疗靶区范围

在制订放疗计划时，放疗靶区体积的确定最好基于治疗前的PET扫描、CT扫描以及淋巴结活检结果而获得。PET/CT图像最好在治疗前4周内或最晚不超过8周内获得。理论上，PET/CT的体位应该与治疗时的体位保持一致。

1. 肺内原发灶的放疗范围　对于接受过诱导化疗的患者，可以仅照射化疗后的残留原发灶，不必照射化疗前原发灶范围。

2. 对于纵隔淋巴结引流区的处理　目前多项前瞻性研究表明，不用预防照射未发生淋巴结转移的区域；但化疗后残留的转移淋巴结以及转移淋巴结所在的淋巴结区域应予照射，即使该淋巴结化疗后完全缓解也应予放疗。有明确的纵隔淋巴结转移者，即使同侧肺门未发现肿大淋巴结，靶区包括同侧肺门也是合理的。

（五）胸部放疗剂量

最佳胸部放疗剂量目前仍存在争议，目前推荐放疗剂量分割方式为：45Gy/1.5Gy，每天2次，治疗间隔>6小时，共3周；或者60～70Gy/1.8～2.0Gy，每天1次，共6～8周；或者40～42Gy/15～16f，每天1次，共3周的大分割放疗；也可以考虑60Gy/40f，每天2次，共4周；或者65Gy/26f，每天1次，共5周。

（六）局限期SCLC的PCI

局限期SCLC，初始经过化疗和根治性胸部放疗，PR/CR的患者行PCI，作为PCI推荐依据的研究结果认为可以降低颅内转移的概率并提高整体生存率；然而这些研究年代较远，均未使用脑部MRI分期，也未使用FDG PET扫描进行整体分期。对于极早期的局限SCLC（病理分期$T_{1\sim2}N_0M_0$，Ⅰ～ⅡA期），接受根治性手术和系统化疗后发生脑转移的概率较低，PCI可能获益较低。因此，目前推荐$T_{1\sim2}N_0M_0$患者术后或者放疗后CR/PR可以选择PCI，也可以选择MRI进行颅脑监测。然而，在病理分期为ⅡB或Ⅲ期的SCLC患者中，PCI可能会获益，SWOG S1827研究（脑MRI监测±PCI）正在进行探索其临床价值（NCT04155034）。PCI建议25Gy/10f，开始时机建议为完成放化疗后的3～4周，有条件可以考虑海马保护的调强放疗或者应用美金刚。对于高龄（>65岁）、PS评分为3～4分、有神经认知功能受损的患者不建议PCI。

（七）放疗在局限期SCLC的研究进展

在超分割剂量模式的探索方面，一项多中心、开放的随机Ⅲ期研究（NCT03214003）评估了高剂量超分割胸部放疗（54Gy/30f，每天2次）对比标准剂量超分割放疗（45Gy/30f，每天2次）作为局限期SCLC一线治疗的疗效与安全性[46]。应用容积旋转调强放疗（VMAT）技术，54Gy/30f组采用原发灶及阳性淋巴结同步加量（SIB）的方案，两组均于第1个周期化疗后0～42天开始放疗，CR/PR者行预防性脑放疗（25Gy/10f）。研究结果显示，54Gy/30f组中位OS和中位PFS显著优于45Gy/30f组（中位OS：62.4个月 vs. 3.1个月，P=0.001；中位PFS：30.5个月 vs. 16.7个月，P=0.044）。54Gy/30f组和45Gy/30f组最常见的3/4级毒副反应包括中性粒细胞减少（28%和23%）、中性粒细胞减少相关感染（6%和2%）、血小板减少（12%和10%）、贫血（6%和3%）及食管炎（1%和3%）。54Gy/30f组和45Gy/30f组分别有9例（8%）和16例（14%）患者发生治疗相关的严重毒副反应。其中，54Gy/30f组有1例患者发生治疗相关死亡（心肌梗死）。该研究表示，与胸部标准放疗剂量45Gy/30f相比，54Gy/30f的高剂量放疗在不增加毒副反应的情况下，延长了局限期SCLC患者的OS和PFS。此外，一项多中心、开放标签的随机Ⅱ期研究（NCT02041845）评估了高剂量超分割胸部放疗（60Gy/40f，每天2次）对比标准剂量超分割放疗（45Gy/30f，每天2次）作为局限期SCLC一线治疗的疗效与安全性[47]。两组均于第1个周期化疗第1天后20～28天开始放疗，治疗有效者行PCI（25Gy/10f或30Gy/15f）。研究结果显示，60Gy组和45Gy组的2年OS率分别为74.2%和48.1%（*OR*：3.09，95% *CI* 1.62～5.89；*P*=0.000 5）；60Gy组和45Gy组的中位OS分别为37.2个月和22.6个月（*HR*：0.61，95% *CI* 0.41～0.90；*P*=0.012）。最常见的3/4级毒副反应在两组中差异无统计学意义，包括食管炎（21%和18%）、肺炎（3%和0）以及血液系统毒性等。研究认为，与45Gy/30f超分割放疗相比，60Gy/40f高剂量超分割放疗在不增加毒副反应的情况下，显著改善了患者OS，可以作为现有方案的替代方案。

研究者对大分割放疗也进行了探索。一项前瞻性随机研究评估了胸部大分割放疗（45Gy/15f，每天1次）对比超分割放疗（45Gy/30f，每天2次）联合EP/EC化疗作为局限期SCLC一线治疗的疗效与安全性[48]。胸部放疗与第2～3个周期化疗同时进行。CR/PR者接受PCI（25Gy/10f）。中期结果显示对比标准超分割组（32例），45Gy/15f大分割放疗（42例）有改善患者生存的趋势（第1年、第2年OS率分别为81.0% *vs.* 84.4%，59.5% *vs.* 40.6%，*P*=0.056；第1年、第2年PFS率分别为64.3% *vs.* 53.1%，33.3% *vs.* 31.2%，*P*=0.072）；两组3级及以上血液学毒性和放射性肺炎的发生率差异无统计学意义，且大分割组3级放射性食管炎的发生率明显更低；需要进一步累积样本量和延长随访时间以明确最终结果。此外，一项Ⅱ期研究评估了高剂量大分割放疗（65Gy/26f，每天1次）对比标准剂量超分割放疗（45Gy/30f，每天2次）作为局限期SCLC一线治疗的疗效与安全性[49]。研究结果显示，65Gy组比45Gy组在不增加治疗毒性的情况下将局限期SCLC的中位PFS从13.4个月延长至17.2个月（P=0.031），两组OS差异无统计学意义。

随着放疗技术的不断进步和新的临床试验数据的出现，相信未来会有更多针对局限期SCLC患者的治疗选项和策略，从而进一步提高治疗效果，减少不良反应，最终改善患者的生存质量和总体生存率。

三、化疗

依托泊苷联合铂类（卡铂或顺铂）是局限期SCLC化疗的基石。在临床实践中，卡铂经常取代顺铂，以降低呕吐、神经病变和肾病变的风险。然而，使用卡铂发生骨髓抑制的风险更大。一项荟萃分析比较了SCLC患者采用顺铂为基础和卡铂为基础的方案，两组客观缓解率（ORR）无明显差异（67% *vs.* 66%），PFS和OS也无明显差异（分别为5.5个月 *vs.* 5.3个月；9.6个月 *vs.* 9.4个月），证实顺铂和卡铂方案在SCLC中疗效相似[50]。

术后均应接受含铂辅助化疗。对于$T_{1\sim2}N_0M_0$的患者，术后辅助化疗（无论是否联合放疗）能够降低22%的死亡风险（HR=0.78；95% CI 0.63~0.95）。辅助化疗采用EP或EC方案。对于PS评分3~4分的局限期SCLC患者，如果为SCLC所致，应充分综合考虑各种因素，谨慎选择治疗方案，如化疗（单药方案或减量联合方案），如果治疗后PS评分能达到0~2分，可考虑给予同步或序贯放疗，在PS评分仍无法恢复至2分以上时，应根据具体情况决定是否采用胸部放疗；如果为非SCLC所致，经对症支持治疗后，如果体力状况得到改善，PS评分能够达到0~2分，可按照PS评分0~2分组患者的治疗策略进行治疗。

四、免疫治疗在局限期小细胞肺癌的突破

（一）免疫治疗与放化疗的协同作用

放化疗与免疫治疗的结合可能通过刺激肿瘤释放免疫原性抗原，进而激活患者的适应性免疫系统，从而提高治疗效果。PACIFIC研究[51]已证实放化疗与免疫治疗联合使用的协同效应，同步放化疗后度伐利尤单抗巩固治疗可显著改善不可手术Ⅲ期NSCLC患者的生存获益。这提示局部放疗协同免疫治疗对于转移性肿瘤是非常有潜力的治疗方式。

（二）免疫治疗在局限期SCLC的突破

ADRIATIC是一项随机、双盲、安慰剂对照、全球多中心的Ⅲ期临床研究，旨在评估与安慰剂相比，度伐利尤单抗联合/不联合tremelimumab在同步放化疗

（cCRT）后未出现进展的局限期SCLC患者中的疗效[52]。研究共纳入730例Ⅰ～Ⅲ期局限期SCLC（Ⅰ/Ⅱ期无法手术）、世界卫生组织体能状态评分为0分或1分且在完成cCRT后未出现进展的患者，随机接受度伐利尤单抗1 500mg（D）、度伐利尤单抗1 500mg+tremelimumab 75mg（D+T）或安慰剂（PBO）治疗，直至研究者确定疾病发生进展或出现不可耐受的毒性，或最长治疗24个月。随机分组按分期（Ⅰ/Ⅱ vs. Ⅲ）和接受PCI（是 vs. 否）分层。研究的双重主要终点为D vs. PBO的OS及PFS，其中PFS分析基于盲态独立中心评审（BICR），根据实体瘤疗效评价标准（RECIST）1.1版进行评估。关键次要终点为D+T vs. PBO的OS和PFS〔BICR根据RECIST v1.1标准评估〕，其他次要终点包括OS/PFS里程碑分析及安全性。首次期中分析结果显示，D组（n=264）和PBO组（n=266）患者之间的基线特征和既往治疗情况均衡，大部分患者处于Ⅲ期（87.5% vs. 87.2%）。两组分别有73.9% vs. 70.3%的患者接受了每天1次放射治疗、26.1% vs. 29.7%的患者接受了每天2次放射治疗，且均有53.8%的患者接受了PCI。截至数据截止日期（2024年1月15日）时，OS和PFS的中位随访时间分别为37.2个月和27.6个月。D组的中位OS长达55.9个月〔37.3个月～无法评估（NE）〕，显著优于PBO组的33.4个月（25.5～39.9个月），HR=0.73，P=0.010 4。两组的24个月及36个月OS率分别为68.0%

vs. 58.5%、56.5% *vs.* 47.6%。此外，D组的中位PFS长达16.6个月（10.2～28.2个月），显著优于PBO组的9.2个月（7.4～12.9个月），*HR*=0.76，*P*=0.016 1。两组的18个月及24个月PFS率分别为48.8% *vs.* 36.1%、46.2% *vs.* 34.2%。亚组分析显示，无论患者临床分期如何、既往放射治疗频率如何、是否接受PCI等，度伐利尤单抗均可带来一致的OS和PFS获益。安全性方面，D组与PBO组的最高3/4级所有原因引起的不良事件发生率分别为24.4%和24.2%；不良事件导致停药或死亡的患者比例分别为16.4% *vs.* 10.6%、2.7% *vs.* 1.9%。此外，D组和PBO组中任何级别的肺炎/放射性肺炎发生率分别为38.2%和30.2%（最高3/4级为3.1%和2.6%）。这一数据支持将度伐利尤单抗作为在cCRT后未出现疾病进展的局限期SCLC患者的新标准治疗手段。

此外，2024年欧洲肺癌学术大会公布了一项随机、双盲对照、多中心Ⅲ期临床研究的安全导入期数据[53]，对于诱导阶段阿得贝利单抗联合EC化疗第3周期同步加用cCRT（阿得贝利单抗+EC+胸部放疗60Gy/30f）并序贯阿得贝利单抗免疫维持的全程免疫治疗模式，中位PFS为17.9个月［95% *CI*：8.8～未达到（NR）］，中位OS尚未达到，2年OS率为64.3%。未发现超出预期的不良反应，发生率≥10%的3级及以上治疗相关不良反应全部为血液学毒性，无治疗相关的死亡事件；4例（14.3%）患者发生肺炎，1例发生治疗相关的免疫性肺炎。

第三节　广泛期小细胞肺癌的初始治疗

免疫治疗联合化疗是广泛期小细胞肺癌（ES-SCLC）的一线标准治疗方案。目前国内获批用于ES-SCLC的免疫治疗方案包括度伐利尤单抗+化疗、阿替利珠单抗+化疗、斯鲁利单抗+化疗、阿得贝利单抗+化疗、贝莫苏拜单抗+安罗替尼+化疗、特瑞普利单抗+化疗。局部放疗+化疗是伴有局部症状ES-SCLC的首选策略，治疗顺序视症状严重程度而定。全脑放疗（WBRT）+化疗±免疫治疗是伴有脑转移ES-SCLC的标准治疗，治疗顺序视有无脑转移症状而定（表3-3-1）。

表3-3-1　广泛期小细胞肺癌的初始治疗策略

症状	基本策略	可选策略	
		Ⅰ级	Ⅱ级
无局部症状或无脑转移	PS评分0~2分、3~4分（由SCLC所致）	EP/EC/IP/IC；依托泊苷+洛铂	①度伐利尤单抗+EP/EC 4个周期后度伐利尤单抗维持治疗；②阿替利珠单抗+EC 4个周期后阿替利珠单抗维持治疗；③斯鲁利单抗+EC 4个周期后斯鲁利单抗维持治疗；	—

续表

症状		基本策略	可选策略	
			Ⅰ级	Ⅱ级
无局部症状或无脑转移			④阿得贝利单抗+EC 4个周期后阿得贝利单抗维持治疗；⑤曲拉西利或G-CSF（免疫治疗/化疗前）	—
	PS评分3~4分（非SCLC所致）	支持治疗	—	—
有局部症状	上腔静脉综合征	临床症状严重者：放疗+化疗；临床症状较轻者：化疗+放疗	CR或PR的患者：预防性脑放疗	—
	脊髓压迫症状	局部放疗控制压迫症状+EP/EC/IP/IC方案化疗	—	—
	骨转移	EP/EC/IP/IC方案化疗+局部姑息外照射放疗；有骨折高危患者可采取骨科固定	—	—
	阻塞性肺不张	EP/EC/IP/IC方案化疗+胸部放疗	—	—

续表

症状		基本策略	可选策略	
			Ⅰ级	Ⅱ级
伴脑转移	有症状	WBRT+EP/EC/IP/IC方案化疗	①先WBRT，症状稳定后度伐利尤单抗+EP/EC方案；②先WBRT，症状稳定后阿替利珠单抗+EC方案；③CR或PR的患者：胸部放疗	—
	无症状	EP/EC/IP/IC方案化疗+WBRT	①先度伐利尤单抗+EP/EC方案，后WBRT；②先阿替利珠单抗+EC方案，后WBRT；③先斯鲁利单抗+EC方案，后WBRT；④曲拉西利或G-CSF（免疫治疗/化疗前）	—

注：EP.依托泊苷＋顺铂；EC.依托泊苷＋卡铂；IP.伊立替康＋顺铂；IC.伊立替康＋卡铂；WBRT.全脑放疗；CR.完全缓解；PR.部分缓解；G-CSF.粒细胞集落刺激因子。

一、化疗

自20世纪80年代以来，依托泊苷联合顺铂的（EP）化疗方案逐渐取代环磷酰胺、多柔比星和长春新碱（CAV）方案，并因其生存优势最终成为SCLC的一线标准治疗方案。分析显示EP方案治疗ES-SCLC的ORR为70%～85%，中位OS为8～13个月，2年生存率为5%。

（一）EP方案

SALUTE研究[54]是一项贝伐珠单抗联合一线标准化疗治疗ES-SCLC的随机Ⅱ期研究。102名患者接受顺铂或卡铂联合依托泊苷（卡铂AUC5、顺铂75mg/m^2 d1+依托泊苷100mg/m^2 d1～3，q.21d.）治疗，并随机接受贝伐珠单抗（n=52）或安慰剂（n=50）治疗，首要研究终点为PFS。两组分别有69%和66%的患者完成了4个周期的治疗，贝伐珠单抗组PFS更长，两组分别是5.5个月 $vs.$ 4.4个月，HR 0.53；中位OS类似，分别是9.4个月 $vs.$ 10.9个月，HR 1.16；ORR 58% $vs.$ 48%；中位缓解持续时间（DoR）4.7个月 $vs.$ 3.2个月。3级以上不良事件发生率为75% $vs.$ 60%。该研究表明将贝伐珠单抗加到顺铂或卡铂+依托泊苷中用于治疗晚期SCLC改善了PFS，并具有可接受的毒性，但是未观察到OS的改善。

（二）IP/IC方案

伊立替康+顺铂（IP）较EP疗效类似或更佳，但不良反应也较大，可作为一线选择，但需要根据患者的状况和不良反应来制订剂量和频率。一项多中心、随机、Ⅲ期JCOG9511研究[55]比较了伊立替康+顺铂（CPT-11 60mg/m^2 d1、8、15，DDP 60mg/m^2 d1）和依托泊苷+顺铂（VP-16 100mg/m^2 d1～3，DDP 80mg/m^2 d1）一线治疗ES-SCLC患者的疗效。结果显示，154名患者入组，IP、EP方案的ORR各为84.4% $vs.$ 67.5%

（P=0.02），中位OS各为12.8 vs. 9.4个月（P=0.002），2年生存率分别是19.5% vs. 5.2%。EP组出现严重或危及生命的骨髓抑制的发生率更高，而IP组出现严重或危及生命的腹泻更常见。据此2005年NCCN将IP方案列为ES-SCLC的一线治疗方案，但此后关于IP方案的争论不断。

在S0124研究[56]中，671名ES-SCLC患者随机接受IP和EP方案。结果显示IP组与EP组患者的ORR分别为60%、57%，PFS为5.7个月、5.2个月（P=0.07），中位OS各为9.9个月及9.1个月（P=0.07）。两组在ORR、PFS、OS等主要研究点上比较差异无统计学意义。S0124研究未复制出JCOG9511试验的结果，但也提示了IP方案在ES-SCLC一线治疗中的疗效并不差于EP方案。

研究者在伊立替康+卡铂（IC）方案（CPT-11 50mg/m² d1、8、15，CBP AUC-5 d1）与依托泊苷+卡铂（EC）方案（VP-16 140mg/m² d1~3，CBP AUC-5 d1）对照一线治疗ES-SCLC的Ⅱ期研究的基础上，进行了Ⅲ期临床研究[57]，共有8个中心216例患者入组，IC与EC组的中位OS分别为10个月、9个月（P=0.06），中位PFS均为6个月（P=0.07），ORR分别为54%、52%。毒副反应方面IC组腹泻发生率偏高，EC组血液学毒性较高。因此认为IC方案与EC方案一线治疗ES-SCLC疗效相当。

一项来自欧洲的多中心、公开、随机、大样本的Ⅲ期临床试验[58]结果显示，IP方案（CPT–11 65mg/m² d1、8，DDP 80mg/m² d1）与EP方案（VP–16 100mg/m² d1～3，DDP 80mg/m² d1）对比一线治疗ES–SCLC，两组的中位OS分别为10.2个月、9.7个月（HR=0.81，P=0.06），中位疾病进展时间（TTP）各是5.4个月、6.2个月（P=0.75）；1年、2年的生存率分别为41.9% $vs.$ 38.9%、16.3% $vs.$ 8.2%；总有效率分别为39.1%、46.6%，显示IP方案虽然没能在生存期上达到统计学意义上的差异，但也再次验证了其相对EP方案的非劣效性。

一项研究[59]将近10年来IP/IC对比EP/EC治疗ES–SCLC的6个试验（1 476名患者）进行荟萃分析，发现前者提高了ORR（RR=1.10，95% CI 1.00～1.21，P=0.043），同时分析IP方案相比于EP有生存优势（HR=0.81，P=0.044），毒性可耐受。

（三）TP方案

一项研究公布了拓扑替康+顺铂（TP）方案对比EP方案治疗ES–SCLC的Ⅲ期临床试验的疗效[60]，795名ES–SCLC患者被随机分为TP（TPT 1mg/m² d1～5；DDP 75mg/m² d5）组和EP（VP–16 100mg/m² d1～3；DDP 75mg/m² d1）组。结果显示：TP组ORR显著高于EP组（55.5% $vs.$ 45.5%，P=0.01），两者的TTP分别为7.0个月、6.0个月（P=0.004）；在中位生存期方面TP组较EP组有所提高（10.3个月 $vs.$ 9.4个月）；在化疗

毒副反应方面，TP组的血液学毒性略高，但比较显示TP组的生活质量要高于EP组（*P*<0.01）。

（四）化疗局限性

虽然初期SCLC患者对化疗敏感，但是化疗无法完全杀死所有癌细胞，留下的癌细胞可能会产生耐药性，并在治疗后重新活跃，导致疾病复发或进展，大部分患者会在2年内复发或转移而死亡。数据显示，ES-SCLC患者接受一线化疗的中位PFS不足5个月，中位OS不足10个月，2年OS率仅4%[61]，复发率>90%[62]。因此改善SCLC的治疗是临床棘手的问题，亟待探索新的药物。

二、放疗

（一）ES-SCLC的胸部放疗

对于ES-SCLC，在一线系统治疗后，一般状态良好（PS评分为0～2分），疗效判定CR或PR的患者，在维持免疫治疗之前/期间，加用胸部放疗可有所获益（CSCO为Ⅱ级2A类推荐，NCCN建议考虑胸部放疗），尤其对于胸部有残余病灶和远处转移病灶体积较小者。

研究证明系统治疗获益的患者联合胸部巩固放疗，可降低症状性胸部复发风险，在一部分患者中可延长生存。CREST研究结果显示全身化疗后达缓解的ES-SCLC患者，给予胸部原发病灶放疗（30Gy/10次）联合PCI，可降低50%胸部复发风险，提高2年总体生存率（13% *vs.* 3%）[63]。对于放射治疗技术，至少应给予患者基于CT定位的三维适形放疗，在满足足够的肿瘤剂量并保证正常组织限量在安全范围内时，推荐使用更为先进的技术，包括但不限于4D-CT和/或PET/CT模拟定位、调强放疗（IMRT）/容积弧形调强放疗（VMAT）、图像引导放疗（IGRT）和呼吸运动管理策略。胸部放疗的总剂量和分割次数在30Gy/10次到60Gy/30次范围内，或选择在此范围内的等效方案。胸部放疗靶区可仅照射全身治疗后残留的原发灶以及采用累及野照射化疗前阳性纵隔淋巴结区。

（二）ES-SCLC颅外转移的姑息放疗

对于有局部症状的疾病部位（如上腔静脉压迫综合征、疼痛性骨病变和脊髓压迫等），放疗的目的主要是解除阻塞或压迫，改善危及生命或引起生活质量显著下降的症状。这些部位的放疗常依据患者临床症状轻重缓急以及系统治疗效果，一般在全身治疗基础上，临床症状较轻可以考虑择期放疗，临床症状较重可以考虑先放疗；其中，脊髓压迫症、重症上腔静脉综合征、重度疼痛的骨转移等，应考虑急诊放疗。最常用的放疗剂量为30Gy/10f、20Gy/5f、8Gy/1f；可选择适形/调强放疗技术，或SABR/SBRT（可能更适合某些特定患者，如肿瘤与危险器官非常接近、再程放疗或预期预后较好的患者）。

1. 上腔静脉综合征（SVCS）　放射野原则上应包括原发灶、整个纵隔区（包含上腔静脉区）即两侧锁骨上区；但广泛期照射范围应遵从个体化姑息放疗原则，结合多模态影像评估肿瘤范围，仅适当考虑预防照射范围或者只需照射大体肿瘤体积是可以接受的。可采用大分割放疗方式以期获得快速症状缓解；PS评分3~4分的患者，不推荐同步放化疗。此外，放疗同时应注意给予吸氧、激素、利尿和碱化尿液、镇静、镇痛等对症治疗。

2. 脊髓压迫与骨转移　先考虑放疗控制和解除压迫症状，缓解疼痛，改善生活质量。常用放疗剂量：30Gy/10f或者40Gy/20f；单个椎体转移导致脊髓压迫者，PS评分差不能耐受多次放疗或预期生存较短的患者，可考虑20Gy/5f~8Gy/1f。放疗中也应适当给予激素及脱水治疗以免放疗本身引起的水肿导致症状加重。

（三）ES-SCLC的PCI

ES-SCLC中PCI的作用目前存在争议。对于无脑转移的ES-SCLC，在一线系统治疗和胸部放疗后，一般状态良好（PS评分为0~2分），疗效判定CR或PR的患者，PCI在CSCO指南为Ⅱ级2A类推荐；NCCN推荐MRI脑部监测±考虑PCI。EORTC一项前瞻性RCT显示化疗有效的ES-SCLC患者行PCI，使1年脑转移率从40.4%降至14.6%，1年生存率从13.3%提高至

27.1%；但该研究并未在给予PCI前检查头颅MRI，也没有标准化PCI分割剂量[64]。一项日本的前瞻性随机Ⅲ期研究在PCI（25Gy/10f）治疗前接受头颅MRI检查除外脑转移，结果显示与头颅MRI监测相比，PCI可以降低脑转移发生率，但并未带来OS获益[65]。一项随机试验（SWOG S1827/MAVERICK）目前正在评估单独头颅MRI监测 *vs.* 头颅MRI监测联合PCI对晚期和早期SCLC患者的疗效，晚期神经系统后遗症归因于PCI，特别是在单次大于3Gy的研究中和/或在化疗的同时给予PCI。故目前对于ES-SCLC患者，在化疗/胸部放疗后可密切随访，每3个月复查头颅MRI；但对于初始治疗后一般情况好或随访不便的患者也可考虑PCI；总之PCI的选择要慎重。PCI的最佳剂量为25Gy/10f；在经过选择的ES-SCLC患者中，20Gy/5f也是可以选用的；不推荐PCI同步化疗；海马保护性全脑放疗（HA-WBRT）和美金刚目前是可应用的。

（四）脑转移的放疗

无症状脑转移，可以考虑先全身治疗后择期头部放疗；有症状的脑转移，可以考虑先头部放疗。由于SCLC的生物学行为易发生多发脑转移，因此SCLC的脑转移推荐行全脑放疗（WBRT），推荐剂量为30Gy/10f。预期生存4个月以上，可以采用立体定向放射治疗/立体定向放射外科治疗（SRT/SRS）局部巩固治疗残留病灶，或者采用全脑放疗的同时局部病灶加量的调强放疗（SIB–IMRT）。放疗同时建议配合激素及脱水治疗。

既往接受过PCI的患者，如果发生脑转移，SRT/SRS是首选，只有经过慎重选择的患者可以考虑重复WBRT。

对于预后较好的患者（如预期生存≥4个月），首选IMRT技术来实施HA–WBRT，并给予美金刚，因为它比传统WBRT联合美金刚产生的认知功能损伤要少。然而，转移部位距离海马、软脑膜等5mm内和其他高风险特征的患者不建议HA–WBRT。

对于脑转移数量较少的患者，根据现有数据，可以考虑行SRT/SRS。一项回顾性多中心队列研究评估了710例脑转移灶数量有限的SCLC患者接受SRS与WBRT；SRS对比WBRT的中位OS为6.5个月 *vs.* 5.2个月（*P*=0.003）[66]。在这种情况下，一项SRS对比HA–WBRT联合美金刚治疗10个及以下SCLC脑转移瘤的随机Ⅲ期试验（NCT04804644）正在进行中，试图对比疗效和安全性，目前在等待结果报道。

（五）放疗在ES–SCLC的研究进展

既往对于ES–SCLC胸部放疗的推荐证据主要来自2015年的一项Ⅲ期RCT[63]（ES–SCLC化疗后CR/PR患者行胸部放疗联合PCI可降低疾病进展风险且有OS获益）。随着免疫联合化疗成为ES–SCLC的一线标准治疗，如何联合免疫治疗和放疗以及如何优化放疗剂量，也有待深入研究和探索。

　　最先进行探索的是诱导化疗后，胸部放疗联合免疫及免疫巩固模式。免疫治疗及胸部放疗均在诱导化疗后加入。Welsh等开展一项Ⅰ期安全性研究（NCT02402920），33例初诊/复发的ES-SCLC患者在诱导化疗后接受巩固胸部放疗（45Gy/15f）同步帕博利珠单抗及帕博利珠巩固治疗共16个周期[67]。结果显示中位PFS为6.1个月，中位OS为8.4个月（从诱导化疗结束后算起）；仅2例出现3级不良反应（1例皮疹，1例乏力/感觉异常/自身免疫性疾病），没有4~5级毒副反应发生。2021年，一项Ⅰ/Ⅱ期研究对21例一线化疗后未进展的ES-SCLC患者行胸部放疗（30Gy/10f）序贯伊匹木单抗及纳武利尤单抗4个周期后纳武利尤单抗维持治疗，结果显示中位PFS为4.5个月，并无明显延长，中位OS为11.7个月，2例患者（9.5%）出现了3~5级肺炎[68]。

　　研究者也进行了免疫治疗前移并联合诱导化疗的尝试。TREASURE研究[69]探索了接受EC同步阿替利珠单抗诱导治疗后，未进展者随机到胸部放疗（30Gy/10f）联合阿替利珠单抗和单独阿替利珠单抗治疗两组，但由于放疗联合阿替利珠单抗不良事件和严重不良事件（SAE）发生率高，最终研究停止招募。此外，2024年的美国临床肿瘤学会年会更新了一项Ⅱ期临床研究的结果[70]。该研究中有45例既往未经治疗的ES-SCLC

患者接受4～6个周期阿得贝利单抗同步EC/EP化疗诱导后，未进展的患者接受阿得贝利单抗同步胸部放疗（≥3Gy/10f或≥2Gy/25f），并序贯阿得贝利维持治疗。中位OS为21.4个月，1年、2年OS率分别为74.1%和39.7%；中位PFS为10.1个月；最常见的≥3级治疗相关不良事件为血液学毒性，提示良好的安全性和可接受的毒性。

为了进一步探索放疗的疗效和价值，有研究也对低剂量放疗（LDRT）进行了探索。由于剂量低，LDRT无法提供足够的细胞毒性，然而，SCLC对放疗高度敏感，这在一定程度上可能体现LDRT的效果；此外，LDRT相比传统放疗和大剂量大分割放疗（HFRT）可通过更好的免疫刺激调节免疫微环境进行重新编程，可能增强免疫治疗的疗效；LDRT毒性较小，安全性更好。MATCH研究[71]是一项多中心单臂Ⅱ期试验，共纳入56例初治ES-SCLC患者，接受阿替利珠单抗+EP/EC共4个周期，其中第1个周期的第1～5天同步LDRT（15Gy/5f），并序贯阿替利珠维持治疗。结果显示，中位PFS为6.9个月，6个月和12个月的PFS率分别为56.5%和27.7%；中位OS尚未达到（95% *CI*，13.3～NE），12个月的OS率为71.9%；发生1例1级和1例5级肺炎。LEAD是一项单臂多中心Ⅱ期研究[72]，纳入初治ES-SCLC患者30例，接受度伐利尤单抗联合EP并同步LDRT（15Gy/5f），然后序贯度伐利尤单抗维持治疗。中位随访时间为17.3个月；中位PFS为8.3个月，6个月和12个月PFS率分别为57%和40%；中位OS尚未达到（95% CI，10.8~NE）；≥3级治疗期间出现的不良事件的发生率为80%，最常见的是血液毒性。≥3级免疫相关不良事件（irAE）的发生率为13.3%，放疗相关严重不良事件的发生率为16.7%，1例患者发生间质性肺炎。总体认为LEAD研究延长了PFS，耐受性良好，值得未来进一步探索。

在放疗剂量的探索方面，一项多中心Ⅲ期RCT比较了不同剂量胸部巩固放疗（cTRT）对ES-SCLC的疗效[73]。纳入经过4~6个周期EP/EC化疗后CR/PR的ES-SCLC患者90例，1∶1随机分配至30Gy/10f组或45Gy/15f组。中位随访时间39.9个月，45Gy/15f组和30Gy/10f组的2年OS率分别为43.4%和40.0%（P=0.62，HR=1.13，95% CI 0.69~1.84）；2年PFS率分别为12.1%和9.0%（P=0.25，HR=0.76，95% CI 0.478~1.22）；差异均无统计学意义。两组间无局部区域复发生存率（P=0.75，HR=0.888，95% CI 0.423~1.863）和无远处转移生存率（P=0.95，HR=1.015，95% CI 0.624~1.651），差异也无统计学意义。45Gy/15f组有更高的3级及以上放射性肺炎发生率（10% $vs.$ 2%）和血液学毒副反应发生率（20% $vs.$ 12.5%）。结论认为与30Gy/10f相比，45Gy/15f并未带来生存改善，但却增加了毒副反应，尤其是放射性肺炎的发生率。

三、免疫检查点抑制剂治疗

目前，抗程序性死亡受体1（PD-1）/程序性死亡受体配体1（PD-L1）抗体的免疫治疗机制已经较为明确。T细胞的激活主要依赖于双重信号，第一个信号包括主要组织相容性复合呈递抗原与T细胞受体的结合；第二个信号由共刺激信号和共抑制信号组成。T细胞上的PD-1与肿瘤细胞或抗原提呈细胞上的PD-L1相互作用，可以有效抑制T细胞的活化，甚至导致T细胞凋亡，减少细胞因子的产生，T细胞裂解，诱导抗原耐受，从而使肿瘤逃避免疫监视。PD-1/PD-L1抑制剂分别与PD-1或PD-L1结合，阻止PD-1与PD-L1的相互作用，从而恢复免疫细胞的识别和杀伤作用，避免肿瘤细胞的免疫逃逸。

PD-1抑制剂与PD-L1抑制剂看似作用于同一肿瘤免疫逃逸通路，却有着截然不同的临床表现，究其原因还是不同抗体间从结构到作用机制均存在一定程度的差异，无法一概而论。首先，PD-1与PD-L1在作用靶点的分布上存在明显的差异，前者主要表达于T细胞，而PD-L1主要表达于肿瘤细胞，这在作用空间上即存在差异。其次，研究显示，PD-L1抑制剂的3～5级结肠炎、肺炎的风险可能较小。可能归因于抗PD-L1单抗只阻碍PD-1与PD-L1结合而不干预PD-1与PD-L2结合。而抗PD-1单抗则可以阻断两条通路，故而不良反应风险高。另外，几种抗体在药物半衰期、免疫原性、亲和力等方面也存在一定程度的差别。因此，不同PD-1、PD-L1抑制剂在药物本身的属性方面各有差异，不可笼统而论。

（一）度伐利尤单抗联合化疗

CASPIAN研究对比了度伐利尤单抗+EP化疗和单纯EP化疗一线治疗ES-SCLC的疗效与安全性。经过3年的中位随访后，度伐利尤单抗给ES-SCLC患者带来了持续且具有临床意义的OS改善。最终分析显示，与单纯化疗组相比，度伐利尤单抗联合化疗组的中位OS可达12.9个月，并降低死亡风险29%（HR=0.71；95% CI 0.60～0.86；P=0.000 3）[74]。度伐利尤单抗联合化疗组的12个月PFS率可达17.9%，这一数据为单纯化疗组（5.3%）的3倍以上。度伐利尤单抗联合化疗组与化疗对照组的3年OS率分别为17.6%和5.8%，免疫联合化疗治疗生存率取得大幅提高。

CASPIAN研究中国队列数据显示，与全球队列相比，中国入组患者PS评分1分患者较多、基线脑转移患者比例较高，顺铂使用率较高。研究结果显示：度伐利尤单抗在中国ES-SCLC带来的获益与全球队列具有一致性（中位OS：14.4个月 $vs.$ 10.9个月，HR=0.65，95% CI 0.41～1.03）。作为在中国SCLC人群中有明确获益的PD-L1抑制剂，此数据将进一步巩固度伐利尤单抗联合EP方案在中国ES-SCLC一线治疗中的标准治疗地位。基于CASPIAN研究结果，美国食品药品管理局（FDA）、中国国家药品监督管理局（NMPA）先后于2020年3月和2021年7月批准度伐利尤单抗联合化疗用于ES-SCLC患者的一线治疗。

Ⅲb期LUMINANCE研究的结果[75]，进一步确立了度伐利尤单抗联合EP作为ES-SCLC标准疗法的地位。该研究显示，患者使用5个或更多个周期的EP方案联合度伐利尤单抗具有可靠的安全性和良好疗效。度伐利尤单抗联合治疗组的PFS为6.2个月，患者6个月和12个月的无进展生存率分别为55.2%和11.0%。在平均随访9.5个月后，患者OS为13.1个月，12个月的OS率为55.6%。

多项真实世界研究复证CASPIAN研究结果。Ⅲb期ORIENTAL研究[76]评估了度伐利尤单抗联合化疗在中国ES-SCLC患者的疗效和安全性。结果显示，度伐利尤单抗联合EP治疗的安全性特征与CASPIAN研究一致。最常见的免疫介导不良事件（imAE）（发生率≥5%）为甲状腺功能亢进和减退（均为6.1%），为1～2级。最常见的≥3级不良事件为贫血（16.4%）、骨髓抑制（8.5%）和血小板计数降低（6.7%）。疗效方面，度伐利尤单抗联合EP治疗的中位PFS为6.3个月（95% *CI* 5.6～6.5个月），中位OS为14.8个月（95% *CI* 13.2～16.0个月）。ORR达76.4%（95% *CI* 69.1～82.6），疾病控制率（DCR）达89.1%（95% *CI* 83.3～93.4），其中1.8%的患者实现完全缓解，74.5%的患者实现部分缓解。中位DoR为5.1个月（95% CI 4.7～5.7个月）。此外，亚组分析显示，大多数亚组（包括EP治疗>4个周期）的中位OS与总体人群一致。作为目前纳入最大样本中国ES-SCLC人群的真实世界研究，ORIENTAL研究最终结果显示，度伐利尤单抗联合EP治疗有效且耐受性良好，进一步支持其作为中国ES-SCLC患者的一线标准治疗方案。Ⅲb期CANTABRICO研究[77]评估了西班牙真实世界中度伐利尤单抗联合EP用于ES-SCLC患者的安全性和有效性。结果显示，EP数量的增加并没有产生不利影响，因为超过40%的患者能够接受>4个疗程的治疗（32%为6个疗程），只有1名患者在第5个疗程后因毒性问题而终止。导致治疗改变的最常见不良事件为EP引起的血液毒性。

（二）阿替利珠单抗联合化疗

IMpower133研究最新数据显示[78]，中位随访22.9个月，阿替利珠单抗联合化疗组和对照组的中位OS分别为12.3个月和10.3个月（HR=0.76）。两组的18个月OS率分别为34.0%和21.0%。中位PFS方面，阿替利珠单抗联合化疗组和对照组分别为5.2个月和4.3个月（HR=0.77）。安全性分析中，未观察到新的安全性信号。基于IMpower133研究结果，FDA和NMPA先后于2019年3月和2020年2月批准阿替利珠单抗联合卡铂和依托泊苷用于ES-SCLC的一线治疗。

（三）斯鲁利单抗联合化疗

ASTRUM-005研究结果显示[79]，斯鲁利单抗联合化疗组患者中位OS时间显著延长4.5个月（15.4个月 *vs.* 10.9个月），2年OS率超过化疗组的5倍（43.1% *vs.* 7.9%），中位PFS时间为5.7个月（*vs.* 4.3个月，*HR*=0.48）。值得注意的是，该研究中允许患者二线继续接受免疫治疗，部分患者可能从免疫跨线治疗中获益，这也可能是影响OS最终结果的重要因素。安全性分析中，研究未观察到新的安全性信号。2023年1月，NMPA批准斯鲁利单抗联合卡铂和依托泊苷用于一线治疗ES-SCLC的适应证。

（四）阿得贝利单抗联合化疗

CAPSTONE-1研究[80]旨在评估PD-L1抑制剂阿得贝利单抗联合化疗一线治疗ES-SCLC的疗效和安全性。该研究入组的均为中国人群，试验组和对照组不吸烟患者分别占22%和23%，既往回顾性研究提示，亚裔人群和不吸烟史是ES-SCLC患者独立的良好预后因素，相较于非亚裔、吸烟患者，亚裔、不吸烟患者的生存预后结局均更优。CAPSTONE-1研究结果显示，阿得贝利单抗联合化疗组与对照组的中位OS分别为15.3个月和12.8个月（*HR*=0.72）。两组中位PFS分别为5.8个月和5.6个月（*HR*=0.67）。安全性分析中，未见组间显著差异。2023年3月，阿得贝利单抗获NMPA批准联合卡铂和依托泊苷用于ES-SCLC患者的一线治疗。

（五）贝莫苏拜单抗联合安罗替尼和化疗

ETER701研究结果显示[81]，贝莫苏拜单抗联合安罗替尼和化疗一线治疗ES-SCLC的中位OS达到19.3个月（*vs.* 11.9个月，*HR*=0.61），中位PFS为6.9个月（*vs.* 4.2个月，*HR*=0.32），2年OS率约为化疗组的2倍（41.83% *vs.* 24.24%）。四药联合组不良反应发生率较高，治疗相关不良事件导致剂量减少、治疗中断及治疗死亡的发生率均比单纯化疗对照组增加1倍以上。2024年5月，贝莫苏拜单抗联合安罗替尼、卡铂和依托泊苷一线治疗ES-SCLC正式获得NMPA批准上市。

（六）特瑞普利单抗联合化疗

EXTENTORCH研究[82]是评估特瑞普利单抗联合化疗一线治疗ES-SCLC的Ⅲ期研究。研究结果显示，中位随访11.8个月后，特瑞普利单抗组的PFS获得显著改善（5.8个月 *vs.* 5.6个月，*P*=0.000 2），特瑞普利单抗联合化疗和化疗组的OS分别为14.6个月和13.3个月（*HR*=0.8），1年OS率达到63.1%。特瑞普利单抗联合化疗具有可控的安全性，未观察到新的安全性信号。2024年6月，特瑞普利单抗联合依托泊苷和铂类一线治疗ES-SCLC正式获得NMPA批准上市。

（七）替雷利珠单抗联合化疗

RATIONALE-312研究[83]是评估一线化疗联合或不联合替雷利珠单抗用于ES-SCLC的Ⅲ期研究。结果显示，替雷利珠单抗+化疗与单纯化疗相比显著改善患者生存，中位OS分别为15.5个月 *vs.* 13.5个月（*HR*=0.75；95% *CI* 0.61 ~ 0.92；*P*=0.003 5），2年OS率分别为33.2%和22.4%，3年OS率分别为25%和9.3%。在安全性方面，替雷利珠单抗联合化疗方案整体耐受性良好，主要不良反应为血液系统毒性，安全可控。

四、广泛期小细胞肺癌治疗策略进展

（一）低剂量放疗联合度伐利尤单抗和化疗一线治疗ES-SCLC

Ⅲ期CASPIAN研究确立了度伐利尤单抗+化疗一线治疗ES-SCLC的标准地位，但大部分患者不能从中获得持久的临床获益。低剂量放疗（LDRT）可局部控制肿瘤，并可与免疫检查点抑制剂发挥协同作用，基于此，LEAD研究[72]探索了LDRT联合度伐利尤单抗+化疗一线治疗ES-SCLC患者的疗效和安全性。研究纳入年龄≥18岁且美国东部肿瘤协作组（ECOG）PS评分为0 ~ 1分的初治ES-SCLC患者，接受度伐利尤单抗（1 500mg）+化疗（每3周1次，4个周期）治疗，随后进行度伐利尤单抗维持治疗。首个周期进行同步LDRT（15Gy/5f）。根据研究者评估，允许进行PCI。主要终点为PFS，次要终点包括OS和安全性。

研究共纳入来自中国4个中心的30例ES-SCLC患者。患者中位年龄为58岁（范围40 ~ 77岁），96.7%（29

例）患者为男性。56.7%（17例）患者PS评分为1分，基线时肝脏和脑转移发生率分别为20%（6例）和10%（3例），56.7%（17例）患者接受了PCI。截至2023年11月9日，被评估患者PFS的中位随访时间为17.3个月，73.3%（22例）的患者发生PFS事件。中位PFS为8.3个月（95% *CI* 4.6～15.2个月），6个月和12个月PFS率分别为56.67%和40.00%。中位OS尚未达到（95% *CI* 10.8个月～NE）。ORR为86.7%；在伴肝转移（6例）和脑转移（3例）的患者中，ORR分别为50%和100%。在安全性方面，80%（24例）的患者发生了≥3级治疗期间不良事件（TEAE），最常见的≥3级治疗期间不良事件是血液学毒性。此外，13.3%（4例）的患者发生≥3级irAE。放疗相关严重不良事件发生率为16.7%（5例）。1例患者发生间质性肺病（G2）。

总之，LEAD研究显示LDRT+度伐利尤单抗+化疗延长了ES-SCLC一线治疗的中位PFS，且耐受性良好。未来值得开展进一步的研究验证该治疗模式在ES-SCLC中的疗效和价值。

（二）免疫联合抗血管生成药物

免疫联合化疗一线治疗ES-SCLC的预后仍有待改善。一项研究评估了在度伐利尤单抗联合化疗的基础上增加安罗替尼一线治疗ES-SCLC的疗效和安全性。患者接受安罗替尼+度伐利尤单抗+依托泊苷+卡铂或顺铂治疗4～6个周期，之后接受安罗替尼和度伐利尤单抗维持治疗直至病情进展或出现无法耐受的毒性。主要终点为ORR，次要终点为PFS和安全性。结果显示，在入组的22例患者中，ORR为100%，完全缓解率为27.3%。所有患者的中位PFS为8.51个月，肝转移患者和脑转移患者的PFS分别为9.43个月和8.51个月。未达到中位OS。最常见的≥3级治疗期间不良事件（发生率>10%）包括中性粒细胞减少和白细胞减少（各16.7%），未观察到新的安全性信号。该研究表明度伐利尤单抗联合化疗和安罗替尼具有良好的PFS、ORR和可控的安全性，可用于ES-SCLC的一线治疗。

DURABLE研究（NCT04985851）是一项随机、开放标签、多中心、Ⅱ期临床研究，旨在探索ES-SCLC一线度伐利尤单抗联合化疗治疗稳定后，使用度伐利尤单抗联合安罗替尼或度伐利尤单抗单药维持治疗的疗效和安全性[84]。研究结果显示，联合治疗组较单药治疗组可显著改善患者维持治疗阶段的PFS，两组中位PFS分别为5.4个月和1.9个月（HR=0.63，80% CI 0.44～0.92）。若从首次给药开始评估，联合治疗组的整体PFS同样优于单药治疗组，两组中位PFS分别为9.0个月和5.6个月（HR=0.66，80% CI 0.45～0.96）。OS数据尚未成熟（成熟度：50%），但联合治疗组较单药治疗组展现出OS获益趋势，两组维持治疗阶段的中位OS分别为17.4个月和12.4个月，整体中位OS分别为20.4个月和15.4个月。在安全性方面，度伐利尤单抗联合安罗替尼治疗耐受性良好，未观察到新的安全性信号。数据显示，联合治疗组和单药治疗组3级及以上治疗期间出现的不良事件分别为11.8%和6.3%，严重不良事件的发生率分别为20.6%和21.9%，因不良事件导致停药的比例分别为2.9%和3.1%。该研究表明，将免疫治疗与抗血管生成治疗联合用于ES-SCLC维持治疗可为患者带来明确获益。

BEAT-SC研究[85]是以免疫联合化疗作为对照，探索阿替利珠单抗联合化疗和贝伐珠单抗一线治疗ES-SCLC的III期研究。研究结果显示，试验组和对照组的中位PFS分别为5.7个月和4.4个月（$HR=0.70$，$P=0.006$）；OS无获益（13.0个月 $vs.$ 16.6个月，$HR=1.22$，$P=0.221\,2$）。安全性分析表明，治疗相关不良反应在两组整体均衡可比。3/4级治疗相关不良反应发生率分别为85.5%和86.0%，5级不良反应发生率为3%和4.9%，严重不良反应发生率分别为34.9%和34.1%，因不良反应而导致剂量调整或治疗中断的人群占比分别为76.5%和72.6%。

（三）免疫治疗生物标志物探索

生物标志物的探寻一直是重中之重，它可以帮助临床治疗决策，选择免疫治疗的优势人群，也是实现SCLC免疫治疗突破的关键。

1. CASPIAN研究生物预测指标探索　CASPIAN研究中，研究者在患者开始治疗后的不同时间点（6、

12、20周），根据研究者评估的RECIST v1.1标准将存活患者分为应答者（完全或部分肿瘤缩小）和无应答者（肿瘤未缩小），评估不同时间点应答者和无应答者的OS和PFS的差异。研究者对CASPIAN研究截至2020年1月的数据进行PFS和OS的landmark分析。并在第6、12和20周分别使用Kaplan-Meier法评估应答者和无应答者的OS和PFS差异[86]。

（1）治疗12周时的肿瘤缓解可作为预测OS和PFS的良好指标：研究结果显示，在12周时仍存活的患者中，与EP组相比，D+EP组的应答者比例高于EP组。与治疗12周时无应答者相比，D+EP组应答者的OS和PFS较长，但D+EP组观察到的OS和PFS事件较少。为了进一步了解治疗第12周时应答者和无应答者的OS率和PFS率，研究者根据第12周时患者的应答状态进行了OS和PFS的Kaplan-Meier分析，并绘制生存曲线。在D+EP组中，应答者的2年OS率为35.4%（95% CI 25.8%～45.1%）；无应答者的2年OS率为9.0%（95% CI 4.7%～15.2%）。在EP组中，应答者的2年OS率为9.4%（95% CI 4.1%～17.3%）；无应答者的2年OS率为8.4%（95% CI 3.2%～16.7%）。每个治疗组中，应答者的OS率和PFS率均显著高于无应答者（每个治疗组的OS和PFS均为 $P<0.001$）。此外，多变量模型分析发现，第12周时的缓解（OS和PFS的 $P<0.001$）以及治疗和缓解的交互项（用于测量D+EP组和EP组之间缓

解对生存期影响程度的不同；OS的P值为0.023，PFS的P值为0.004），均与较长的OS和PFS显著相关。研究还发现，与接受EP治疗的应答者相比，接受D+EP治疗的应答者在随访期间发生OS或PFS事件的可能性显著降低，OS的HR=0.56（95% CI 0.41～0.77），PFS的HR=0.59（95% CI 0.44～0.79），再一次验证了度伐利尤单抗联合化疗的治疗方案对患者的生存获益。

（2）治疗6周和20周时的肿瘤缓解也具有较好的长期生存预测价值：敏感性分析发现，在治疗6周和20周观察到的数据与12周的相似，3个时间点的缓解均与2个治疗组的OS和PFS显著延长呈正相关，提示标志性时间点（6、12和20周）的缓解可能是ES-SCLC患者长期生存的良好指标。不过，12周代表着CASPIAN研究中诱导化疗完成的时间点，基于OS和PFS的C-index（一致性指数），显示时间点12周具有更好的预测价值。

（3）EORTC QLQ-C30预测工具与OS和PFS之间的关系：2023年ASCO大会一项研究探讨了Ⅲ期ES-SCLC CASPIAN研究中EORTC QLQ-C30预测工具与OS和PFS之间的关系。预测工具包括：EORTC QLQ-C30，由5个功能维度（身体、角色、情绪、认知、社交）、全球健康状况/生活质量（QoL）量表、3个症状量表（疲劳、恶心/呕吐、疼痛）、5个单项症状评估（呼吸困难、失眠、食欲减退、便秘、腹泻）和一个经济困难条目组成。结果显示，大多数基线PRO值与PS评分0分或1分的ES-SCLC患者的OS和PES相关；与既往研究基本一致，本研究进一步强调了患者报告的基线生活质量数据是ES-SCLC患者生存的预后因素。更好的腹泻评分与较差的OS之间的关联背后的机制尚不清楚，更好地理解治疗结局和PRO之间的关联有助于ES-SCLC患者未来的治疗决策[87]。

2. ASTRUM-005研究生物预测指标探索　ASTRUM-005研究[88]对患者的蛋白组学、基因组学以及血液学指标与治疗效果之间的相关性进行了分析。结果显示，ENPP2、SMC3、VCAN等15个蛋白表达的分子标签可作为预测性生物标志物，提示患者接受斯鲁利单抗联合化疗的治疗效果。在基因突变层面，*RB1*基因突变或NOTCH通路突变患者可能从斯鲁利单抗联合化疗中获得更高的获益，由于样本量有限，以上结果还需临床研究的进一步验证。此外，和既往研究结果相似，中性粒细胞与淋巴细胞比值（NLR）和乳酸脱氢酶（LDH）是ES-SCLC患者的独立的预后生物标志物，基线NLR或LDH水平高的患者的预后更差，有待进一步临床研究的探索。

3. 其他生物标志物的探索分析　一项基于IMpower133的回顾性分析中看到与其他亚型相比，SCLC-I亚型的患者接受免疫联合化疗有更长的生存，提示SCLC-I亚型可能是ES-SCLC免疫治疗获益的潜在标志物，但仍然需要通过前瞻性的大样本的研究进行验证。CAPSTONE-1研究亚组分析显示，PD-L1表达与阿得贝利单抗联合化疗疗效无相关性，而相同领域的IMpower133和CASPIAN研究也同样未能看到PD-L1表达的预测意义。由此可见，在SCLC免疫联合治疗中PD-L1表达的预测意义非常有限。EXTENTORCH研究的生物标志物探索分析显示，无论肿瘤突变负荷状态如何，特瑞普利单抗联合化疗组的PFS和OS均有相似的改善趋势。整合素介导的黏着斑复合物基因组改变与特瑞普利单抗联合化疗组患者的PFS和OS不良预后相关。

第四节　复发小细胞肺癌的治疗

一、二线治疗

复发SCLC在二线可以用的药物很少，FDA批准了拓扑替康、芦比替定、tarlatamab用于治疗接受铂类药物化疗期间或期后病情进展的转移性SCLC成人患者。SCLC二线治疗基本策略如下。①6个月内复发：拓扑替康、芦比替定、伊立替康、紫杉醇、多西他赛、吉西他滨、口服依托泊苷、长春瑞滨、替莫唑胺；②6个月以上复发：选用原方案。

1. 静脉拓扑替康[89]　一线治疗完成后至少60天复发的SCLC患者，使用拓扑替康对比环磷酰胺+多柔比星+长春新碱的疗效。患者随机接受拓扑替康1.5mg/m^2 d1～5，每3周1次（n=107）；或CAV（环磷酰胺1 000mg/m^2+多柔比星45mg/m^2+长春新碱2mg）d1，每3周1次（n=104）治疗。ORR分别是24.3% vs. 18.3%，P=0.285；TTP 13.3周 vs. 12.3周，P=0.552；OS 25.0周 vs. 24.7周，P=0.795。4级中性粒细胞减少发生率37.8% vs. 51.4%，4级血小板减少发生率9.8% vs. 1.4%，3～4级贫血发生率17.7% vs. 7.2%。拓扑替康在复发性SCLC的治疗中至少与CAV一样有效，并改善了对几种症状的控制。

2. 口服拓扑替康[90] 一线治疗结束后≥90天复发的SCLC患者，使用口服拓扑替康对比静脉拓扑替康的疗效。309名局限期或广泛期SCLC患者，接受拓扑替康2.3mg/m² d1～5 口服（n=153）或1.5mg/m² d1～5 静脉输注（n=151），每3周1次。首要研究终点是ORR。二者疗效类似，ORR为18.3% *vs.* 21.9%，中位OS为33.0周 *vs.* 35.0周，1年生存率为32.6% *vs.* 29.2%，2年生存率为12.4% *vs.* 7.1%。4级中性粒细胞减少发生率47% *vs.* 64%，4级血小板减少发生率29% *vs.* 18%，3～4级贫血发生率23% *vs.* 31%，4级败血症发生率均为3%。因此，口服拓扑替康、静脉拓扑替康的疗效、安全性类似，口服更为便捷。

3. 芦比替定[91] 芦比替定治疗一线含铂化疗后复发的SCLC患者，研究者和独立评审委员会（IRC）评估的ORR均为45.5%，与篮子研究的数据相似（篮子研究中研究者评估35.2%，IRC评估30.5%）。IRC评估的中位DoR、PFS、OS分别为4.2个月、5.6个月和11.0个月。安全性方面，≥3级治疗期间不良事件的发生率为86.4%，最常见的为血液学异常和肝功能异常，但整体可控。

4. tarlatamab[92] 2023年世界肺癌大会（WCLC）公布了治疗复发SCLC的DeLLphi-301研究结果。这项研究分为3个阶段，第一阶段对接受tarlatamab两个剂量水平患者的疗效和安全性进行了评价，第二阶段只对接受tarlatamab选定剂量的患者进行评价（第一阶段和第二阶段接受选定剂量的患者直到100例），第三阶段则针对缩短住院监测时间且接受选定剂量的患者。主要研究终点是ORR。研究在10mg和100mg两个剂量组分别有100例和88例患者可评估，两组的ORR分别为40%和32%，DoR>9个月的患者在10mg治疗组和100mg治疗组中的占比分别为55%和57%。10mg组和100mg组中位PFS期分别为4.9个月和3.9个月，10mg组的中位OS期为14.3个月，100mg组的中位OS期尚未达到。两组的6个月OS率分别为73%和71%，9个月OS率分别为68%和66%。另外，对于比较tarlatamab与标准方案治疗复发SCLC的Ⅲ期研究以及一线免疫治疗后联合PD–L1抑制剂进行维持治疗的探索也将开启。tarlatamab也让DLL3作为治疗靶点备受关注，众多针对DLL3靶点的双特异性抗体、三特异性抗体、嵌合抗原受体T细胞（CAR–T）、嵌合抗原受体自然杀伤细胞（CAR–NK）等也正在进行早期的探索。

5. 伊立替康[93]　一项评价伊立替康（100mg/m², 每周1次，根据毒性调整剂量）治疗难治或复发SCLC的Ⅱ期研究。16名难治复发的SCLC患者接受治疗，中位脱离化疗时间为7.3个月（1.9～15.1个月）。15名患者可评估疗效和毒性。ORR为47%（95% *CI* 21.4%～71.9%），中位缓解持续时间（DoR）为58天，主要毒性为骨髓抑制（主要为白细胞减少）、腹泻和肺毒性。

6. 紫杉醇[94]　一项评估紫杉醇治疗经治SCLC的疗效。24名一线治疗后3个月内复发的SCLC患者接受紫杉醇（175mg/m^2，每3周1次）二线治疗，21名可评估疗效和毒性。7例PR（29%），5例疾病稳定（SD）。中位OS为100天。毒性致死4名，血液/非血液学毒性可控。

7. 多西他赛[95]　一项评估多西他赛治疗经治SCLC的Ⅱ期研究。34名患者接受多西他赛（100mg/m^2，每3周1次）治疗，28名可评估疗效。7例PR（25%），DoR为3.5～12.6个月。毒性主要是中性粒细胞减少、脱发和无力。

8. 吉西他滨[96]　一项评估吉西他滨（1 000mg/m^2 d1、8、15，q.28d.）治疗难治复发性SCLC的Ⅱ期研究。46名患者（20名难治和26名敏感）接受吉西他滨治疗，42名可评估疗效，44名可评估毒性。主要3/4级血液学毒性包括中性粒细胞减少（27%）和血小板减少（27%），3/4级非血液学毒性为肺毒性（9%）和神经毒性（14%）。ORR为11.9%（其中难治者5.6%，敏感者16.7%），中位OS为7.1个月。难治性和敏感性患者的生存期差异无统计学意义。

9. 口服依托泊苷[97]　一项评价口服依托泊苷[50mg/（m^2·d）]治疗难治性SCLC的Ⅱ期研究。26名患者接受口服依托泊苷治疗，其中25名之前接受过依托泊苷＋顺铂治疗，14名接受过CAV（环磷酰胺、多柔比星和长春新碱）治疗。ORR为23%，其中CR 1例、PR 5例（持续6～20周）。剂量限制性毒性为粒细胞减少。

10. 长春瑞滨[98]　一项评估长春瑞滨（30mg/m^2，每周1次）治疗经治SCLC的Ⅱ期研究。26名接受一线治疗后至少3个月的复发SCLC患者接受长春瑞滨治疗。其中PR 4例（16%，4/25），SD 7例，疾病进展（PD）12例。剂量限制性毒性为非累积性白细胞减少（80%，3/4级32%）。

11. 替莫唑胺21天方案[99]　一项评价替莫唑胺［75mg/（m^2·d），共21天，q.28d.］治疗复发SCLC的Ⅱ期研究。64名患者（敏感复发组48名，难治组16名）接受替莫唑胺治疗，主要研究终点是ORR。敏感组有1例CR、10例PR（ORR 23%），难治组有2例PR（ORR 13%）；作为二线和三线治疗的ORR分别是22%和19%。具有脑转移的患者，38%达到CR或PR。3级以上血小板减少和中性粒细胞减少发生率14%（9/64）。

二、三线及以上治疗

尽管SCLC对于初始治疗非常敏感，但大多数的SCLC患者在初始治疗后出现复发及耐药；这些患者多数接受二线化疗也能显著缓解症状。6个月内复发或进展者推荐拓扑替康、伊立替康、吉西他滨、多西他赛或长春瑞滨等药物治疗。6个月后复发或进展者可选择初始治疗方案。上述化疗药物均作为二线治疗的基本策略推荐。

三、复发小细胞肺癌治疗进展

LUPER研究[100]和2SMALL研究[101]是将芦比替定与免疫检查点抑制剂联合治疗复发性SCLC的免疫治疗再挑战探索。这两项研究都显示，芦比替定联合免疫检查点抑制剂药物的ORR显著高于单纯化疗或单药免疫治疗，并且延长生存期。LUPER研究中接受芦比替定与帕博利珠单抗治疗的患者中位PFS为5.3个月，中位OS为11.1个月；2SMALL研究中接受芦比替定与阿替利珠单抗治疗的患者中位PFS为4.7个月，OS为14.5个月。

抗体偶联药物（ADC）的发展也成为SCLC的新希望。DS-7300是一款靶向B7-H3的ADC。SCLC中高表达B7-H3，提示B7-H3可能参与SCLC免疫逃逸机制，是SCLC潜在的治疗靶点。2022年，在治疗晚期实体瘤的 I 期研究中，DS-7300表现出了对复发SCLC令人鼓舞的疗效，因此也成为SCLC治疗的新秀。在2023年WCLC中更新的数据显示，在可评价的接受≥6.4mg/kg剂量的21例SCLC患者中，ORR为52.4%，中位PFS和OS分别为5.6个月和12.2个月[102]，这些结果使得DS-

7300成为SCLC领域极具前景的治疗选择。

BTLA是一种在B细胞、T细胞和NK细胞上表达的新型抑制性共信号受体。BTLA和PD-1通路的共同阻断可以改善抗原特异性抗肿瘤T细胞反应。tifcemalimab是一种人源化IgG4单克隆抗体，具有结合BTLA并阻断BTLA与其配体HVEM相结合的作用。在之前的I期研究中，tifcemalimab ± 特瑞普利单抗显示出初步的抗肿瘤活性。NCT05000684研究是一项双队列I/II期研究，旨在探索tifcemalimab+特瑞普利在NSCLC（队列1）和SCLC（队列2）中的疗效和安全性。2023年ASCO大会公布了其队列2，43例ES-SCLC患者的数据。结果显示，在38例疗效可评估的患者中，ORR为26.3%，DCR为57.9%；既往接受过免疫治疗的患者ORR为8.3%，免疫治疗初治患者的ORR为40.0%。安全性方面，32例（74.4%）患者出现治疗期间不良事件；12例（27.9%）患者出现≥3级治疗期间不良事件；15例（34.9%）患者出现irAE，2例（4.7%）患者出现≥3级irAE[103]。

第五节　优势人群的治疗

一、小细胞肺癌老年患者的治疗

　　SCLC的发病率随年龄增长而增加。尽管诊断时的中位年龄大于70岁，但临床试验中老年患者的代表性不足。对于老年SCLC患者，不能仅根据年龄确定治疗方案，根据机体功能状态指导治疗更有意义。如果老年患者日常生活自理能力、体力状况良好，器官功能相对较好，应当接受标准联合化疗（如果有指征也可放疗），但因老年患者可能有更高的概率出现骨髓抑制、乏力和器官功能储备较差，所以在治疗过程中应谨慎观察，以避免过高的风险。虽然高龄对治疗的耐受性有不利影响，但与年龄相比，患者的功能状态更有助于指导临床决策。能够进行日常生活活动（ADL）的老年患者，如有指征应接受全身治疗和放疗（RT）联合治疗。例如，CONVERT试验[104]的亚组分析表明，老年局限期SCLC患者同步放化疗的中位生存期与年轻患者相当（29个月 *vs.* 30个月；*P*=0.38）。然而，骨髓抑制、乏力和脏器储备较低在老年患者中更常见，因此，在治疗期间必须仔细观察，以避免过度风险。建议更多地关注老年患者的需求和支持治疗，以提供最佳护理。总之，与和分期匹配的年轻患者相比，老年患者的预后相似。随机试验表明，在PS评分良好（0~2分）的老年患者中，低强度治疗（例如，单药依托泊苷）不如联合化疗（例如，铂类药物加依托泊苷）。一项对8 637例老年局限期SCLC患者的回顾性分析结果显示，与单纯化疗相比，放化疗延长了生存期[105]。在老年SCLC患者中，也评估了其他几种治疗策略。因为卡铂的曲线下面积（AUC）给药考虑了老年患者肾功能下降，使用4个周期的卡铂加依托泊苷似乎产生了良好的结果。然而，在该人群中，将卡铂的目标AUC设定为5而不是6更合理。在老年或体弱患者中也探索了短程、全强度化疗的可行性，结果显示仅2个周期化疗似乎是可接受的，尽管这种方法尚未与4~6个周期的治疗进行直接比较。高龄患者应慎用PCI[106]。老年患者（≥60岁）接受PCI后认知功能下降的风险增加；因此，需要与老年患者详细讨论PCI与密切监测的风险和获益。荷兰一项对超过5 000例患者的分析显示，与年轻患者相比，接受PCI治疗的老年患者无论分期如何，中位生存期均降低[107]。

免疫检查点抑制剂（ICI）特殊人群应用专家共识中[108]指出：老年患者往往合并较多的基础疾病，同时随着年龄增加，主要脏器的功能亦随之降低。基础研究显示，老年患者具有特征性的免疫微环境，包括肿瘤突变负荷增加、免疫检查点基因表达增高、启动子甲基化降低、γ-干扰素信号转导增加和T细胞受体多样性低等，这些变化有可能会影响ICI的疗效。因此，在现有的临床试验中，对于老年肿瘤患者，特别是年龄超过75岁的患者接受ICI治疗的有效性和安全性信息不足，也缺乏针对老年患者的ICI的前瞻性队列研究，多数证据来自经过高度筛选患者的前瞻性临床试验的亚组分析。关于老年患者接受ICI治疗的疗效，现有的研究结果并非完全一致。2019年报道的一项大型荟萃分析中共纳入了34项研究、包含20 000多例不同肿瘤类型的晚期患者。与对照组相比，ICI治疗组（<65岁、≥65岁和<75岁）的OS改善有统计学意义，但≥75岁的患者OS改善较小。一项包括9项RCT的荟萃分析［包含4项细胞毒性T淋巴细胞相关抗原4（CTLA-4）抑制剂研究、5项PD-1抑制剂研究］显示，老年患者（65～70岁）和年轻患者接受ICI的OS获益相当。综合4项Ⅲ期临床试验、包含2 192例NSCLC患者的一项荟萃分析显示，PD-1抑制剂（帕博利珠单抗或纳武利尤单抗）显著延长了年轻组（<65岁）和老年组（≥65岁）患者的OS；在≥75岁的患者中，与化疗相比，免疫治疗组没有观察到显著延长的OS；与帕博利珠单抗相比，纳武利尤单抗在老年NSCLC患者（≥65岁）中具有更好的OS。老年人接受ICI治疗，要警惕ICI治疗后irAE的发生。2021年更新的FDA不良事件报告系统显示，与接受ICI单药治疗或联合治疗的18～64岁的患者相比，65岁以上患者发生irAE的比例增加，然而回顾性分析的

结果仍存在较大差异。一项针对黑色素瘤、肾透明细胞癌和NSCLC的回顾性分析显示，不同年龄段在发生irAE等级上无明显差异，但内分泌毒性在<65岁的患者中更常见，而皮肤病毒性在≥75岁的患者中更常见。值得关注的是，一项探索ICI相关致死性不良事件的大型荟萃分析报告显示，死于irAE的患者年龄更大。因此建议，老年肿瘤患者（65～75岁）接受ICI的有效性和安全性与年轻患者相当，但超过75岁的老年患者需要谨慎评估。老年患者的irAE发生频谱不同，且致死性irAE发生率较高，建议在给予ICI治疗前对其主要脏器功能、合并症、认知功能、营养状态、心理状态、社会支持及伴随用药等进行综合评估。

二、小细胞肺癌脑转移患者的治疗

SCLC患者首次就诊时脑转移的发生率为10%，诊疗过程中为40%～50%，生存2年以上的患者脑转移达60%～80%，是影响SCLC患者生存和生活质量的重要因素之一。脑转移SCLC患者的治疗原则为：在全身治疗的基础上进行针对脑转移的治疗，包括外科手术、全脑放疗（WBRT）、立体定向放射治疗（SRT）、内科治疗在内的多学科综合治疗，其目的是治疗转移病灶、改善患者症状、提高生活质量，最大限度地延长患者的生存时间[109]。

其中，WBRT是SCLC脑转移患者的主要局部治疗方式，可以缓解肺癌脑转移患者的神经系统症状、改善肿瘤局部控制情况，但难以根治颅内病变，仅可延迟0.5～1年颅内新发病灶的出现。而对全身治疗反应良好的SCLC患者可考虑PCI，因为PCI能降低脑转移发生率，但尚缺乏足够的证据证实PCI具有生存优势。对于有症状的伴脑转移SCLC患者，对症治疗可改善患者的生存质量；但遗憾的是，对症治疗并不能延长患者的生存期。化疗是伴脑转移SCLC患者最主要的治疗方式，相关研究证实，71.05%的SCLC脑转移患者使用过化疗。但由于化疗药物分子量较大，携带电荷并且容易与白蛋白结合，因此很难穿透血脑屏障对颅内转移病灶发挥抗肿瘤作用，化疗治疗SCLC脑转移的中位OS通常不足1年。因此，SCLC脑转移患者亟须寻找新的治疗方式以提升生存空间。

免疫治疗为伴脑转移SCLC患者提供了新思路。CASPIAN研究首次证明，免疫治疗能为SCLC脑转移患者带来获益趋势：在基线未伴脑转移的SCLC患者中，与化疗组相比，度伐利尤单抗联合化疗组显示出更优的OS获益趋势（HR=0.76）以及更优的PFS获益趋势（HR=0.80）。对于基线伴脑转移的SCLC患者，相对于单纯化疗组，度伐利尤单抗联合化疗能延长患者的OS（HR=0.79）和PFS（HR=0.73）。

具体放疗原则参见本章第三节"脑转移的放疗"部分。

三、小细胞肺癌肝转移患者的治疗

　　肺癌肝转移的发生率为38%～44%，其中SCLC的比例相对较高，这可能是由于SCLC早期阶段易发生远处转移的自然倾向所造成的。对于肝转移，CASPIAN研究中，度伐利尤单抗联合化疗在基线伴胸外转移患者中呈现与总体人群一致获益趋势。基于基线病灶范围的拓展性分析，CASPIAN患者基线中151/537例患者（28.1%）肿瘤病灶仅限于胸部，386/537例患者（71.9%）出现除胸部以外的转移病灶，其中52.8%为肝转移。可以看到，肝转移占据一半以上比例。最后的亚组分析发现，基线胸外病灶患者接受度伐利尤单抗联合化疗可延长OS（15.9个月 *vs.* 11.2个月，*HR*=0.73）。

第四章

免疫不良反应管理

第一节　PD-1/PD-L1免疫检查点抑制剂的安全性

由于PD-L1抑制剂不阻断PD-1与免疫细胞表面的PD-L2通路，可保留更强的自身免疫调节功能，降低免疫检查点抑制剂的风险。PD-1和PD-L1在ES-SCLC的探索中安全性不尽相同。不同药物类型的免疫相关不良反应（irADE）发生率见表4-1-1。

表4-1-1　不同药物类型的免疫相关不良反应发生率

药物类型	不良反应发生率	
	试验组	对照组
CASPIAN研究PD-L1度伐利尤单抗+化疗	20%	3%
IMpower133研究PD-L1阿替利珠单抗+化疗	39.9%	24.5%
CAPSTONE-1研究PD-L1阿得贝利单抗+化疗	28%	17%
ASTRUM-005研究PD-1斯鲁利单抗+化疗	37%	18.4%
EXTENTORCH研究PD-1特瑞普利单抗+化疗	28.8%	11.1%

PD-1和PD-L1的肺炎发生率也不同。一项纳入19项临床研究中5 038例患者的荟萃分析显示，肺癌患者接受PD-1抑制剂治疗的肺炎发生率显著高于PD-L1抑制剂近3倍（任意等级肺炎3.6% *vs.* 1.3%；3～4级肺炎

1.1% *vs.* 0.4%）[110]。度伐利尤单抗在这一问题上交出了令人满意的答案，CASPIAN研究的3年长期随访数据显示，度伐利尤单抗联合化疗治疗组中肺炎发生率（2.3%）低于化疗对照组（4.1%）[74]，而作为PD-1抑制剂的斯鲁利单抗在ASTRUM-005研究中显示，治疗组与对照组肺炎发生率均为8.2%[79]。

此外，即便为同一类药物，其具体的药理学特性的差异不容忽视，如药物治疗产生的抗药抗体（ADA）水平。一般而言，ADA发生可能与疗效不佳及不良事件发生风险相关。IMpower133研究显示，高达18.6%的患者在接受阿替利珠单抗治疗后出现ADA，而CASPIAN研究公布的度伐利尤单抗组治疗中发生ADA阳性患者比例为0。整体看来，CASPIAN研究中度伐利尤单抗治疗的长期安全性良好，治疗相关严重不良事件均低于对照组（13% *vs.* 19%），而ASTRUM-005以及IMpower133研究中治疗组的治疗相关严重不良事件发生率均高于对照组。

同样，度伐利尤单抗的安全性也在中国真实世界中得到验证。2023年ESMO ASIA报道的一项中国临床研究ORIENTAL最终结果显示[76]，在允许纳入基线较差的人群（包括PS评分2分患者）的前提下，165例中国ES-SCLC患者接受度伐利尤单抗治疗后，所有≥3级不良事件发生率为49.7%，再次证明度伐利尤单抗联合化疗用于一线治疗ES-SCLC患者良好的安全性。

第二节　免疫检查点抑制剂常见不良反应管理

　　随着免疫治疗在ES-SCLC治疗中越来越深入人心，另外一个问题也逐渐为人们所关注，即长期使用免疫制剂的安全性问题。相比化疗，免疫治疗不良反应整体发生率低，患者耐受性良好。大多数免疫治疗相关不良反应的管理关键在于早期发现、早期报告并进行早期干预。免疫治疗相关不良反应多数出现在治疗开始 $1 \sim 6$ 个月，也可以在治疗晚期甚至是停药后数月发生，时间跨度比较大。开始免疫治疗前，建议进行严格的临床检查，包括对每个患者的基线情况的评估。基线体格检查、实验室检查和影像学检查将作为治疗过程中发生的任何临床、生物学或影像学异常的参考。毒性管理根据分级原则进行：G1，轻度毒性；G2，中度毒性；G3，重度毒性；G4，危及生命的毒性；G5，与毒性相关的死亡。临床根据毒性分级和对生命威胁的严重程度来判断是否使用糖皮质激素等免疫抑制剂及剂量。为防止毒性复发，糖皮质及时减量应逐步进行。

一、皮肤毒性

发生率≥10%，中位发生时间约为3.5个月。常见的症状有皮疹、瘙痒和白癜风。多数皮肤毒性可以通过适当干预而不影响免疫治疗及继续使用。如果发生4级皮肤毒性，应该永久终止使用免疫治疗。自我管理包含温水洗浴，使用低刺激性沐浴用品，注意皮肤保湿。做好防晒，必要的时候涂抹防晒霜。穿衣的时候注重透气。

二、胃肠道毒性

发生率≥10%，中位发生时间约为2个月。一般发生在平均3次治疗之后，也可能在免疫治疗停药数月后出现。发生腹痛、腹泻等症状的患者要警惕免疫相关性胃肠毒性的可能，对于严重腹泻或持续2级及以上的腹泻患者建议结肠镜监测以进一步明确诊断。原则上G2～G3暂停，毒性缓解后可以考虑再次尝试，G4永久停用。自我管理包括减少高脂肪、高糖、刺激性食物的摄入。适当增加饮用水，至少每天3L。

三、肝毒性

发生概率<10%，中位发生时间约为2.5个月。通

常表现为无症状免疫相关性肝炎，表现为丙氨酸转氨酶（ALT）或天冬氨酸转氨酶（AST）升高，有时伴有发热、疲乏、食欲下降、黄疸等症状，肝毒性的诊断需要排除活动性病毒性肝炎、其他疾病导致的肝脏损伤、其他药物导致的肝损伤、自身免疫性肝炎、肝脏原发肿瘤或肝转移瘤、各种原因引起的胆道梗阻等。G2以上毒性使用激素治疗，G4肝毒性永久停用免疫治疗。

四、肺毒性

免疫相关性肺炎是免疫治疗相关死亡的主要原因之一。肺毒性的发生时间一般从0.2个月到27.4个月不等，中位发生时间是2.1个月。免疫相关性肺炎的临床表现为发热、咳嗽、胸痛、呼吸困难，严重时会出现呼吸衰竭。影像学表现各异，可表现为非特异性间质性肺炎、隐源性机化性肺炎、超敏性肺炎、急性间质性肺炎、结节型反应和磨玻璃样肺炎。在所有肺炎病例中，72%的患者为1~2级，通过对症使用激素或免疫抑制剂治疗得到缓解或治愈。如果恢复之后根据之前的免疫治疗效果情况看是否再次使用免疫治疗。如果疗效不理想，且再次发生间质性肺炎的概率很大，就需要停止免疫治疗。如果患者有合并哮喘、慢性阻塞性肺疾病或其他心肺疾病，则使用免疫治疗药物的时候需要更加谨慎。

五、内分泌毒性

内分泌毒性的中位发病时间为14.5周，范围为1.5～130周。常见的内分泌毒性包括甲状腺功能异常和垂体炎（垂体功能减退）。其他的包含有原发性肾上腺功能减退、1型糖尿病、高钙血症、甲状旁腺功能减退。垂体炎虽然发病率较低，但如果没有及时发现或者尽早干预，可能导致致死性的严重后果。当接受ICI的患者出现疲劳、虚弱、头痛、视觉障碍、低血压和恶心的发展或恶化，应考虑为垂体炎，并需要立即评估垂体功能状态及进行垂体MRI检查，以排除垂体转移。对甲状腺功能减退症等大部分内分泌毒性，可用激素替代治疗，而不需要皮质类固醇治疗。

六、骨关节与肌毒性

免疫相关的肌肉骨骼不良事件以炎症性关节炎（IA）、肌炎和多肌痛样综合征为特征。中位发病时间为38周，但在1～127周之间可能有很大差异。出现免疫治疗诱发的肌炎症状可能包括肌肉疼痛和无力。肌炎患者还可发展为重症肌无力样综合征和/或心肌炎，如果涉及呼吸肌或心肌，可能危及生命。关于此类毒性的治疗，包括局部治疗、关节内使用低剂量的糖皮质激素以及免疫抑制剂的使用。建议所有中度症状以上的患者转风湿科治疗。

七、输注反应

免疫相关输注反应的症状通常有低热、寒战、头痛或恶心。高级别反应可包括心动过速、血压不稳定、低氧血症、胸痛、咳嗽、气短、喘息、潮红、出汗、荨麻疹或瘙痒、血管性水肿和晕厥前或晕厥的其他症状等。对轻微或中度的输注反应，减慢输液速度或暂停输液，或给予对症治疗即可控制。对严重输注反应推荐参考输注反应相关指南迅速处理。

八、其他

其他相对少见的irADE还包含心脏毒性、肾脏毒性和神经毒性等，虽然发生率低，但会导致严重不良后果。可能会引起的症状有胸痛、血尿或尿量减少、脚踝水肿、肌无力等，甚至死亡事件，同样需要高度重视。每一种不良反应都需要仔细甄别，并进行针对性的对症处理，具体可以参考NCCN指南、CSCO指南等。

第五章

小细胞肺癌的
全程管理

第一节 随访管理

一、随访内容

（一）局限期

局限期 SCLC 的随访间隔较长，在前 1～2 年每 3 个月随访 1 次；3 年以内每半年随访 1 次；3 年以后每年随访 1 次。生存者应关注的问题是第二恶性肿瘤的发生，特别是继续吸烟情况下，因此戒烟咨询非常有必要。此外，预防性脑放疗后严重的神经认知功能恶化需要深入分析，寻找其他可治疗的原因。

1. 第 1～2 年（每 3 个月随访 1 次） Ⅰ级推荐：病史，体格检查；胸部、腹部、盆腔增强 CT，头颅增强 MRI（第 1 年每 3～4 个月，第 2 年每 6 个月），全身骨扫描（每 6 个月 ～1 年），颈部及锁骨上淋巴结彩色多普勒超声检查；吸烟情况评估（鼓励患者戒烟）。

Ⅱ级推荐：胸部、腹部、盆腔 CT 平扫，头颅增强 CT，血常规、血生化（肝功能、肾功能、电解质），外周血肿瘤标志物［包括神经元特异性烯醇化酶（NSE）和胃泌素释放肽前体（proGRP）］。

2. 第 3 年（每 6 个月随访 1 次） Ⅰ级推荐：病史，体格检查；胸部、腹部、盆腔增强 CT，头颅增强 MRI，全身骨扫描（每6个月～1年），颈部及锁骨上淋巴结彩色多普勒超声检查；吸烟情况评估（鼓励患者戒烟）。

II级推荐：胸部、腹部、盆腔CT平扫，头颅增强CT，血常规、血生化（肝功能、肾功能、电解质），外周血肿瘤标志物（包括NSE和proGRP）。

3. 3年以上（每年随访1次）　I级推荐：病史，体格检查；胸部、腹部、盆腔增强CT，头颅增强MRI，颈部及锁骨上淋巴结彩色多普勒超声检查；吸烟情况评估（鼓励患者戒烟）。

II级推荐：胸部、腹部、盆腔CT平扫，头颅增强CT，全身骨扫描，血常规、血生化（肝功能、肾功能、电解质），外周血肿瘤标志物（包括NSE和proGRP）。

（二）广泛期

1. 第1年（每2个月随访1次）　I级推荐：病史，体格检查；胸部、腹部、盆腔增强CT，头颅增强MRI（脑转移患者每2个月，无脑转移患者每3～6个月），局部CT或MRI检查（骨转移患者），全身骨扫描（每6个月～1年），颈部及锁骨上淋巴结彩色多普勒超声检查；吸烟情况评估（鼓励患者戒烟）。

II级推荐：胸部、腹部、盆腔CT平扫，头颅增强CT，血常规、血生化（肝功能、肾功能、电解质），外周血肿瘤标志物（包括NSE和proGRP）。

2. 第2～3年（每3～4个月随访1次）　I级推荐：病史，体格检查；胸部、腹部、盆腔增强CT，头颅增强MRI，局部CT或MRI检查（骨转移患者），全身骨扫描（每6个月～1年），颈部及锁骨上淋巴结彩色多普勒超声检查；吸烟情况评估（鼓励患者戒烟）。

Ⅱ级推荐：胸部、腹部、盆腔CT平扫，头颅增强CT，血常规、血生化（肝功能、肾功能、电解质），外周血肿瘤标志物（包括NSE和proGRP）。

3. 第4～5年（每6个月随访1次，与第2～3年相比仅随访频率下降，随访内容相同）　Ⅰ级推荐：病史，体格检查；胸部、腹部、盆腔增强CT，头颅增强MRI，局部CT或MRI检查（骨转移患者），全身骨扫描（每6个月～1年），颈部及锁骨上淋巴结彩色多普勒超声检查；吸烟情况评估（鼓励患者戒烟）。

Ⅱ级推荐：胸部、腹部、盆腔CT平扫，头颅增强CT，血常规、血生化（肝功能、肾功能、电解质），外周血肿瘤标志物（包括NSE和proGRP）。

4. 5年以上（每年随访1次）　Ⅰ级推荐：病史，体格检查；胸部、腹部、盆腔增强CT，头颅增强MRI，局部CT或MRI检查（骨转移患者），颈部及锁骨上淋巴结彩色多普勒超声检查；吸烟情况评估（鼓励患者戒烟）。

Ⅱ级推荐：胸部、腹部、盆腔CT平扫，头颅增强CT，全身骨扫描，血常规、血生化（肝功能、肾功能、电解质），外周血肿瘤标志物（包括NSE和proGRP）。

症状恶化或新发症状者，即时随访。头颅检查首选头颅增强MRI，不适合MRI患者可行头颅增强CT检查。血液学检查适合有临床指征者。

二、随访管理

SCLC的细化随访管理需要综合考虑患者的疾病特点、治疗反应和生活质量等多方面因素，实施个性化的随访策略。通过精细化的随访管理，可以及时发现和处理复发或转移，提高患者的生存率和生活质量。

（一）随访管理制度建立

1. 建立随访制度框架　制订一个全面的随访计划，包括随访频率、随访内容和随访方式。通常，治疗完成后的前2年内随访较为频繁，之后可以逐渐延长随访间隔。

2. 多学科团队参与　包括肿瘤科医生、放疗科医生、胸外科医生、护士、心理医生等，提供全方位的随访管理和支持。

3. 采用电子健康记录　通过电子系统记录患者随访信息，方便随时更新和查询患者状态，提高随访工作效率和准确性。

（二）不同患者的个性化管理

1. 根据治疗响应和疾病阶段调整随访策略　对于完全缓解患者，随访重点是监测复发或转移；对于部分缓解或疾病稳定的患者，除监测病情外，还需关注治疗相关的副作用和生活质量。

2. 个性化健康教育　根据患者的具体情况，提供针对性的生活方式改善建议、心理支持和营养指导。

3. 定期影像学和生物标志物检测　利用CT、MRI等影像学检查以及血液中的肿瘤标志物进行病情监测。

4. 关注患者心理状态和生活质量　定期评估患者的心理健康状况和生活质量，必要时提供心理咨询或支持。

5. 针对晚期或复发患者的管理　为这部分患者提供包括疼痛管理、姑息治疗在内的综合性支持，帮助他们改善生活质量。

（三）实施步骤

1. 初诊评估　详细记录患者的基线信息，包括病史、生活习惯、家族史等。

2. 制订个性化随访计划　根据患者的治疗反应和需要，定制个性化的随访计划。

3. 执行随访计划　按计划进行定期随访，包括面对面访谈、电话随访或远程医疗等方式。

4. 数据记录和分析　系统记录随访数据，定期分析随访结果，根据分析结果调整随访策略。

第二节　生存质量管理

一、生活质量评估

通过评估患者的生活质量，医生可以更好地理解患者的具体需要和偏好，从而制订出更加个性化的治疗计划，改善患者的整体福祉，提高治疗效果和患者满意度。生活质量的评估和改善需要医生、护士、心理学家和社会工作者等多学科团队的合作，生活质量数据是评估新治疗方法有效性的重要指标之一，对于临床研究和试验具有重要意义。生活质量评估的方法如下。

（一）身体状况评估

1. 功能状态评估　使用ECOG性能状态评分或Karnofsky性能状态评分来评估患者的日常活动能力。

2. 症状负担评估　利用问卷（如EORTC QLQ–C30和QLQ–LC13）评估患者的疼痛、呼吸困难、疲劳等症状。

（二）心理状况评估

1. 情绪和心理健康评估　通过标准化的心理健康问卷，如抑郁症状评估量表（如贝克抑郁量表）和焦虑症状评估量表（如汉密尔顿焦虑量表），来评估患者的心理状况。

2. 生活质量问卷 使用专为癌症患者设计的生活质量评估工具，如EORTC QLQ-C30，这些问卷包含了对情绪功能的评估。

（三）社会功能评估

1. 社会支持评估 评估患者从家庭、朋友和医疗团队获取的社会支持程度。

2. 社会参与和角色功能 使用生活质量问卷评估患者在社会活动和角色扮演（如工作和家庭生活）方面的能力和满意度。

二、支持性护理

（一）疼痛管理

1. 药物治疗 包括非处方镇痛药（如非甾体抗炎药）、处方镇痛药（如阿片类药物）等。医生会根据疼痛的严重程度选择合适的药物和剂量。

2. 局部治疗 如放疗可以用于减轻骨转移引起的疼痛或其他由肿瘤直接压迫造成的症状。

3. 神经阻断 在一些情况下，可以使用神经阻断术来减轻疼痛。

（二）其他症状控制

1. 呼吸困难 使用吸氧治疗、呼吸促进药物或利用非侵入性通气支持。

2. 食欲减退和消瘦 提供营养支持和适当的食物

补充，必要时通过静脉或胃管喂养。

3. 恶心和呕吐　使用抗恶心药物和饮食调整帮助控制。

4. 精神和情绪支持　心理咨询和抗焦虑、抗抑郁药物的使用可以帮助管理情绪问题和改善生活质量。

（三）生命末期护理

1. 提前护理计划　与患者和家属讨论关于生命末期的愿望和护理计划，包括住院治疗、安宁疗护或在家中度过生命的最后时光。

2. 安宁疗护　在家庭或专门的安宁疗护机构中提供，重点是减轻症状和提供情感及精神上的支持。

3. 家庭和社会支持　提供家属教育和支持服务，帮助他们应对照顾患者的压力，以及处理悲伤和丧失。

推荐阅读文献

[1] RUDIN C M, BRAMBILLA E, FAIVRE-FINN C, et al. Small-cell lung cancer. Nat Rev Dis Primers, 2021, 7（1）: 3.

[2] 郑荣寿, 张思维, 孙可欣, 等. 2016年中国恶性肿瘤流行情况分析. 中华肿瘤杂志, 2023, 45（3）: 212-220.

[3] PESCH B, KENDZIA B, GUSTAVSSON P, et al. Cigarette smoking and lung cancer-relative risk estimates for the major histological types from a pooled analysis of case-control studies. Int J Cancer, 2012, 131（5）: 1210-1219.

[4] KHUDER S A. Effect of cigarette smoking on major histological types of lung cancer: a meta-analysis. Lung Cancer, 2001, 31（2-3）: 139-148.

[5] RODRÍGUEZ-MARTÍNEZ Á, TORRES-DURÁN M, BARROS-DIOS J M, et al. Residential radon and small cell lung cancer. A systematic review. Cancer Lett, 2018, 426: 57-62.

[6] RUANO-RAVINA A, FARALDO-VALLéS M J, BARROS-DIOS J M .Is there a specific mutation of p53 gene due to radon exposure? A systematic review. Int J Radiat Biol, 2009, 85（7）: 614-621.

[7] MOGI A, KUWANO H. TP53 mutations in nonsmall cell lung cancer. J Biomed Biotechnol, 2011, 2011: 583929.

[8] FIELD R W, WITHERS B L. Occupational and environmental causes of lung cancer. Clin Chest Med, 2012, 33（4）: 681-703.

[9] DRISCOLL T, NELSON D I, STEENLAND K, et al. The global burden of disease due to occupational carcinogens. Am J Ind Med, 2005, 48（6）: 419-431.

[10] KIM C H, LEE Y C A, HUNG R J, et al. Exposure to

secondhand tobacco smoke and lung cancer by histological type：a pooled analysis of the International Lung Cancer Consortium（ILCCO）. Int J Cancer，2014，135（8）：1918-1930.

[11] WANG Q，GÜMÜŞ Z H，COLAROSSI C，et al. SCLC：epidemiology，risk factors，genetic susceptibility，molecular pathology，screening，and early detection. J Thorac Oncol，2023，18（1）：31-46.

[12] KRPINA K，VRANIĆ S，TOMIĆ K，et al. Small cell lung carcinoma：current diagnosis，biomarkers，and treatment options with future perspectives. Biomedicines，2023，11（7）：1982.

[13] GEORGE J，LIM J S，JANG S J，et al. Comprehensive genomic profiles of small cell lung cancer. Nature，2015，524（7563）：47-53.

[14] RUDIN C M，POIRIER J T，BYERS L A，et al. Molecular subtypes of small cell lung cancer：a synthesis of human and mouse model data. Nat Rev Cancer，2019，19（5）：289-297.

[15] 吴杨，赵静，王孟昭. 小细胞肺癌的分子分型及其治疗策略的研究进展. 中国肺癌杂志，2023，26（4）：303-309.

[16] CHEN B，LI H，LIU C，et al. Potential prognostic value of delta-like protein 3 in small cell lung cancer：a meta-analysis. World J Surg Oncol，2020，18（1）：226.

[17] ROUMELIOTOU A，PANTAZAKA E，XAGARA A，et al. Phenotypic characterization of circulating tumor cells isolated from non-small and small cell lung cancer patients. Cancers（Basel），2022，15（1）：171.

[18] ALMODOVAR K，IAMS W T，MEADOR C B，et al.

Longitudinal cell-free DNA analysis in patients with small cell lung cancer reveals dynamic insights into treatment efficacy and disease relapse. J Thorac Oncol, 2018, 13（1）: 112-123.

[19] TANIGUCHI H, SEN T, RUDIN C M. Targeted therapies and biomarkers in small cell lung cancer. Front Oncol, 2020, 10: 741.

[20] ZHANG B, STEWART C A, WANG Q, et al. Dynamic expression of Schlafen 11（SLFN11）in circulating tumour cells as a liquid biomarker in small cell lung cancer. Br J Cancer, 2022, 127（3）: 569-576.

[21] 中国临床肿瘤学会指南工作委员会. 中国临床肿瘤学会（CSCO）小细胞肺癌诊疗指南2023. 北京: 人民卫生出版社, 2023.

[22] 中华医学会肿瘤学分会, 中华医学会杂志社. 中华医学会肺癌临床诊疗指南（2023版）. 中华肿瘤杂志, 2023, 45（7）: 539-574.

[23] 国家卫生健康委办公厅. 原发性肺癌诊疗指南（2022年版）. 协和医学杂志, 2022, 13（4）: 549-570.

[24] NATIONAL COMPREHENSIVE CANCER NETWORK. NCCN clinical practice guidelines in oncology: small cell lung cancer, V.1.2023.（2022-08-25）[2024-08-05]. https://www.oregon.gov/oha/HPA/DSI-HERC/MembersOnly/NCCN%20 1.2023%20sclc.pdf.

[25] 吴一龙, 周清, 中国胸部肿瘤研究协作组. 中国县域肺癌临床诊疗路径（2023版）. 中华肿瘤杂志, 2024, 46（1）: 19-39.

[26] NATIONAL LUNG SCREENING TRIAL RESEARCH

TEAM，ABERLE D R，BERG C D，et al. The national lung screening trial：overview and study design. Radiology，2011，258（1）：243-253.

[27] NATIONAL LUNG SCREENING TRIAL RESEARCH TEAM，ABERLE D R，ADAMS A M，et al. Reduced lung-cancer mortality with low-dose computed tomographic screening. N Engl J Med，2011，365（5）：395-409.

[28] 中国肺癌早诊早治专家组，中国西部肺癌研究协作中心. 中国肺癌低剂量CT筛查指南（2023年版）. 中国肺癌杂志，2023，26（1）：1-9.

[29] KALEMKERIAN G P，GADGEEL S M. Modern staging of small cell lung cancer. J Natl Compr Canc Netw，2013，11（1）：99-104.

[30] FISCHER B，LASSEN U，MORTENSEN J，et al. Preoperative staging of lung cancer with combined PET-CT. N Engl J Med，2009，361（1）：32-39.

[31] REED C E，HARPOLE D H，POSTHER K E，et al. Results of the American College of Surgeons Oncology Group Z0050 trial：the utility of positron emission tomography in staging potentially operable non-small cell lung cancer. J Thorac Cardiovasc Surg，2003，126（6）：1943-1951.

[32] VAN TINTEREN H，HOEKSTRA O S，SMIT E F，et al. Effectiveness of positron emission tomography in the preoperative assessment of patients with suspected non-small-cell lung cancer：the PLUS multicentre randomised trial. Lancet，2002，359（9315）：1388-1393.

[33] SEUTE T，LEFFERS P，TEN VELDE G P M，et

al. Detection of brain metastases from small cell lung cancer: consequences of changing imaging techniques (CT versus MRI). Cancer, 2008, 112 (8): 1827-1834.

[34] MARX A, CHAN J K C, COINDRE J M, et al. The 2015 World Health Organization classification of tumors of the thymus: continuity and changes. J Thorac Oncol, 2015, 10 (10): 1383-1395.

[35] TRAVIS W D. Advances in neuroendocrine lung tumors. Ann Oncol, 2010, 21 (S7): S65-71.

[36] PELOSI G, RODRIGUEZ J, VIALE G, et al. Typical and atypical pulmonary carcinoid tumor overdiagnosed as small-cell carcinoma on biopsy specimens: a major pitfall in the management of lung cancer patients. Am J Surg Pathol, 2005, 29 (2): 179-187.

[37] BAINE M K, FEBRES-ALDANA C A, CHANG J C, et al. POU2F3 in SCLC: clinicopathologic and genomic analysis with a focus on its diagnostic utility in neuroendocrine-low SCLC. J Thorac Oncol, 2022, 17 (9): 1109-1121.

[38] XIE T, LI Y, YING J, et al. Whole exome sequencing (WES) analysis of transformed small cell lung cancer (SCLC) from lung adenocarcinoma (LUAD). Transl Lung Cancer Res, 2020, 9 (6): 2428-2439.

[39] WANG S, TANG J, SUN T, et al. Survival changes in patients with small cell lung cancer and disparities between different sexes, socioeconomic statuses and ages. Sci Rep, 2017, 7 (1): 1339.

[40] LAD T, PIANTADOSI S, THOMAS P, et al. A

prospective randomized trial to determine the benefit of surgical resection of residual disease following response of small cell lung cancer to combination chemotherapy. Chest, 1994, 106（S6）: S320-323.

[41] IGNATIUS OU S H, ZELL J A. The applicability of the proposed IASLC staging revisions to small cell lung cancer（SCLC） with comparison to the current UICC 6th TNM edition. J Thorac Oncol, 2009, 4（3）: 300-310.

[42] SCHNEIDER B J, SAXENA A, DOWNEY R J. Surgery for early-stage small cell lung cancer. J Natl Compr Canc Netw, 2011, 9（10）: 1132-1139.

[43] DUAN H, SHI L, SHAO C, et al. A multicenter, single-arm, open study of neoadjuvant or conversion atezolizumab in combination with chemotherapy in resectable small cell lung cancer（Cohort Study）. Int J Surg, 2023, 109（9）: 2641-2649.

[44] TAKADA M, FUKUOKA M, KAWAHARA M, et al. Phase Ⅲ study of concurrent versus sequential thoracic radiotherapy in combination with cisplatin and etoposide for limited-stage small-cell lung cancer: results of the Japan Clinical Oncology Group Study 9104. J Clin Oncol, 2002, 20（14）: 3054-3060.

[45] MURRAY N, COY P, PATER J L, et al. Importance of timing for thoracic irradiation in the combined modality treatment of limited-stage small-cell lung cancer. The National Cancer Institute of Canada Clinical Trials Group. J Clin Oncol, 1993, 11（2）: 336-344.

[46] YU J, JIANG L, ZHAO L, et al. High dose hyperfractionated thoracic radiotherapy vs. standard dose for limited

stage small-cell lung cancer: a multicenter, open-label randomized, phase 3 trial. Int J Radiat Oncol Biol Phys, 2023, 117（S2）: S1.

[47] GRØNBERG B H, KILLINGBERG K T, FLØTTEN Ø, et al. High-dose versus standard-dose twice-daily thoracic radiotherapy for patients with limited stage small-cell lung cancer: an open-label, randomised, phase 2 trial. Lancet Oncol, 2021, 22（3）: 321-331.

[48] HU X, SUN Z H, CHEN M Y, et al. EP13.04-04 preliminary results of a prospective trial of hypofractionated radiotherapy versus hyperfractionated radiotherapy for limited-stage SCLC. J Thorac Oncol, 2023, 18（S11）: S699-700.

[49] QIU B, LI Q, LIU J, et al. Moderately hypofractionated once-daily compared with twice-daily thoracic radiation therapy concurrently with etoposide and cisplatin in limited-stage small cell lung cancer: a multicenter, phase Ⅱ, randomized trial. Int J Radiat Oncol Biol Phys, 2021, 111（2）: 424-435.

[50] ROSSI A, DI MAIO M, CHIODINI P, et al. Carboplatin- or cisplatin-based chemotherapy in first-line treatment of small-cell lung cancer: the COCIS meta-analysis of individual patient data. J Clin Oncol, 2012, 30（14）: 1692-1698.

[51] ANTONIA S J, VILLEGAS A, DANIEL D, et al. Durvalumab after chemoradiotherapy in stage Ⅲ non-small-cell lung cancer. N Engl J Med, 2017, 377（20）: 1919-1929.

[52] SPIGEL D R, CHENG Y, CHO B C, et al. ADRIATIC: durvalumab（D）as consolidation treatment（tx）for patients（pts）with limited-stage small-cell lung cancer（LS-SCLC）. J Clin Oncol, 2024, 42（S17）: LBA5.

[53] CHENG Y, WANG H, MIN X, et al. Adebrelimab with concurrent chemoradiation (cCRT) for limited-stage small cell lung cancer (LS-SCLC): safety run-in results of a phase III trial. Annals of Oncology, 2024, 9 (S3): S1-11.

[54] SPIGEL D R, TOWNLEY P M, WATERHOUSE D M, et al. Randomized phase II study of bevacizumab in combination with chemotherapy in previously untreated extensive-stage small-cell lung cancer: results from the SALUTE trial. J Clin Oncol, 2011, 29 (16): 2215-2222.

[55] NODA K, NISHIWAKI Y, KAWAHARA M, et al. Irinotecan plus cisplatin compared with etoposide plus cisplatin for extensive small-cell lung cancer. N Engl J Med, 2002, 346 (2): 85-91.

[56] MATALE B, LARA PN, CHANSKY K, et al. S0124: A randomized phase III trial comparing irinotecan/cisplatin (IP) with etoposide/cisplatin (EP) in patients (pts) with previously untreated extensive stage small cell lung cancer (E-SCLC). J Clin Oncol, 2008, 26 (S15): abstract 7512.

[57] SCHMITTEL A, SEBASTIAN M, VON WEIKERSTHAL L F, et al. A German multicenter, randomized phase III trial comparing irinotecan-carboplatin with etoposide-carboplatin as first-line therapy for extensive-disease small-cell lung cancer. Ann Oncol, 2011, 22 (8): 1798-1804.

[58] ZATLOUKAL P, CARDENAL F, SZCZESNA A, et al. A multicenter international randomized phase III study comparing cisplatin in combination with irinotecan or etoposide in previously untreated small-cell lung cancer patients with extensive disease. Ann

Oncol, 2010, 21（9）: 1810-1816.

[59] JIANG J, LIANG X, ZHOU X, et al. A meta-analysis of randomized controlled trials comparing irinotecan/platinum with etoposide/platinum in patients with previously untreated extensive-stage small cell lung cancer. J Thorac Oncol, 2010, 5（6）: 867-873.

[60] FINK T H, HUBER R M, HEIGENER D F, et al. Topotecan/cisplatin compared with cisplatin/etoposide as first-line treatment for patients with extensive disease small-cell lung cancer: final results of a randomized phase Ⅲ trial. J Thorac Oncol, 2012, 7（9）: 1432-1439.

[61] SUNDSTROM S, BREMNES R M, KAASA S, et al. Cisplatin and etoposide regimen is superior to cyclophosphamide, epirubicin, and vincristine regimen in small-cell lung cancer: results from a randomized phase Ⅲ trial with 5 years' follow-up. J Clin Oncol, 2002, 20（24）: 4665-4672.

[62] QIU Z, LIN A, LI K, et al. A novel mutation panel for predicting etoposide resistance in small-cell lung cancer. Drug Des Devel Ther, 2019, 13: 2021-2041.

[63] SLOTMAN B J, VAN TINTEREN H, PRAAG J O, et al. Use of thoracic radiotherapy for extensive stage small-cell lung cancer: a phase 3 randomised controlled trial. Lancet, 2015, 385（9962）: 36-42.

[64] SLOTMAN B, FAIVER-FINN C, KRAMER G, et al. Prophylactic cranial irradiation in extensive small-cell lung cancer. N Engl J Med, 2007, 357（7）: 664-672.

[65] TAKAHASHI T, YAMANAKA T, SETO T, et al.

Prophylactic cranial irradiation versus observation in patients with extensive-disease small-cell lung cancer: a multicentre, randomised, open-label, phase 3 trial. Lancet Oncol, 2017, 18 (5): 663-671.

[66] RUSTHOVEN C G, YAMAMOTO M, BERNHARDT D, et al. Evaluation of first-line radiosurgery vs whole-brain radiotherapy for small cell lung cancer brain metastases: the FIRE-SCLC cohort study. JAMA Oncol, 2020, 6 (7): 1028-1037.

[67] WELSH J W, HEYMACH J V, CHEN D, et al. Phase I trial of pembrolizumab and radiation therapy after induction chemotherapy for extensive-stage small cell lung cancer. J Thorac Oncol, 2020, 15 (2): 266-273.

[68] PEREZ B A, KIM S, WANG M, et al. Prospective single-arm phase 1 and 2 study: ipilimumab and nivolumab with thoracic radiation therapy after platinum chemotherapy in extensive-stage small cell lung cancer. Int J Radiat Oncol Biol Phys, 2021, 109 (2): 425-435.

[69] BOZORGMEHR F, WEYKAMP F, OVERBECK T R, et al. Recruitment discontinuation in TREASURE trial (thoracic radiotherapy with atezolizumab in small cell lung cancer extensive disease) due to unexpected safety data. Ann Oncol, 2023, 34: 1060.

[70] CHEN D, GAO A, ZOU B, et al. Overall survival of adebrelimab plus chemotherapy and sequential thoracic radiotherapy as first-line treatment for extensive-stage small cell lung cancer. J Clin Oncol, 2024, 42 (S16): S8014.

[71] ZHOU L, SUN J, XIE C, et al. Abstract CT219:

efficacy and safety of low dose radiotherapy（LDRT）concurrent atezolizumab（atezo）plus chemotherapy as first line（1L）therapy for ES-SCLC：primary analysis of phase Ⅱ MATCH study. Cancer Res，2023，83（S8）：S219.

[72] ZHANG Y，XIE Y，GONG Y，et al. Phase Ⅱ study of low-dose radiation（LDRT）plus durvalumab（D）and etoposide/ platinum（EP）as first-line treatment in ES-SCLC（LEAD）： efficacy and safety results. Annals of Oncology，2024，9（S3）： S1-11.

[73] BI N，DENG L，HU X，et al. 30 Gy vs. 45 Gy consolidative thoracic radiation（CTRT）for extensive stage small cell lung cancer（ES- SCLC）：a multicenter，randomized，phase 3 trial. Int J Radiat Oncol Biol Phys，2023，117（2）：56-57.

[74] PAZ-ARES L，CHEN Y，REINMUTH N，et al. Durvalumab，with or without tremelimumab，plus platinum-etoposide in first-line treatment of extensive-stage small-cell lung cancer：3-year overall survival update from CASPIAN. ESMO Open，2022，7（2）：100408.

[75] REINMUTH N. First-line（1L）durvalumab plus platinum-etoposide for patients with extensive-stage SCLC（ES-SCLC）：primary results from the phase 3b LUMINANCE study. Annals of Oncology，2023，20（S1）：S100535.

[76] CHENG Y，WANG J，YAO W，et al. Final results and subgroup analysis of ORIENTAL：a phase ⅢB study of durvalumab plus platinum-etoposide in first-line treatment of Chinese patients with extensive-stage small-cell lung cancer（ES-SCLC）. Ann Oncol，2023，34（S4）：S1673.

[77] ISLA D, ARRIOLA E, GARCIA CAMPELO M R, et al. Phase Ⅲb study of durvalumab plus platinum-etoposide in first-line treatment of extensive-stage small cell lung cancer（CANTABRICO）: treatment patterns of chemotherapy combination phase with durvalumab. Ann Oncol, 2022, 33（S7）: S1247-1248.

[78] HORN L, MANSFIELD A S, SZCZESNA A, et al. First-line atezolizumab plus chemotherapy in extensive-stage small-cell lung cancer. N Engl J Med, 2018, 379（23）: 2220-2229.

[79] CHENG Y, HAN L, WU L, et al. Effect of first-line serplulimab vs placebo added to chemotherapy on survival in patients with extensive-stage small cell lung cancer: the ASTRUM-005 randomized clinical trial. JAMA, 2022, 328（12）: 1223-1232.

[80] WANG J, ZHOU C, YAO W, et al. Adebrelimab or placebo plus carboplatin and etoposide as first-line treatment for extensive-stage small-cell lung cancer（CAPSTONE-1）: a multicentre, randomised, double-blind, placebo-controlled, phase 3 trial. Lancet Oncol, 2022, 23（6）: 739-747.

[81] CHENG Y, YANG R, CHEN J, et al. OA01.03 Benmelstobart with anlotinib plus chemotherapy as first-line therapy for ES-SCLC: a randomized, double-blind, phase Ⅲ trial （ETER701）. J Thorac Oncol, 2023, 18（S11）: S44.

[82] CHENG Y, LIU Y, ZHANG W, et al. EXTENTORCH: A randomized, phase Ⅲ trial of toripalimab versus placebo, in combination with chemotherapy as a first-line therapy for patients with extensive stage small cell lung cancer（ES-SCLC）. Ann

Oncol，2023，34（S2）：S1334.

[83] CHENG Y，FAN Y，ZHAO Y，et al. OA01.06 first-line chemotherapy with or without tislelizumab for extensive-stage small cell lung cancer：RATIONALE-312 phase 3 study. J Thorac Oncol，2023，18（S11）：S46.

[84] HAN B，ZHANG B，ZHONG R，et al. MA17.07 Durvalumab plus anlotinib versus durvalumab as maintenance treatment in ES-SCLC（DURABLE）：a randomized，phase 2 trial. J Thorac Oncol，2024，19（S10）：S125-126.

[85] OHE Y，HAN B，NISHIO M，et al. BEAT-SC：a randomized phase Ⅲ study of bevacizumab or placebo in combination with atezolizumab and platinum-based chemotherapy in patients with extensive-stage small cell lung cancer（ES-SCLC）. J Clin Oncol，2024，42（S16）：S8001.

[86] JOHAL S，FISCHER C，CAWSTON H，et al. EP14.04-002 the impact of response on survival in extensive-stage small-cell lung cancer in the CASPIAN study. J Thorac Oncol，2022，17（S9）：S542-543.

[87] GANTI A K，JOHAL S，JACKSON D，et al. The prognostic value of patient reported outcomes（PROs）and clinical/demographic variables in the CASPIAN study. J Clin Oncol，2023，41（S16）：S8516.

[88] CHENG Y，HAN L，WU L，et al. Abstract 6390：exploratory biomarker analysis of phase 3 ASTRUM-005 study：serplulimab versus placebo plus chemotherapy for extensive-stage small cell lung cancer. Cancer Res，2024，84（S6）：S6390.

[89] VON PAWEL J，SCHILLER J H，SHEPHERD F

A，et al. Topotecan versus cyclophosphamide，doxorubicin，and vincristine for the treatment of recurrent small-cell lung cancer. J Clin Oncol，1999，17（2）：658-667.

[90] ECKARDT J R，VON PAWEL J，PUJOL J L，et al. Phase Ⅲ study of oral compared with intravenous topotecan as second-line therapy in small-cell lung cancer. J Clin Oncol，2007，25（15）：2086-2092.

[91] CHENG Y，WU C，WU L，et al. A pivotal bridging study of lurbinectedin as second-line therapy in Chinese patients with small cell lung cancer. Sci Rep，2024，14（1）：3598.

[92] AHN M J，CHO B C，FELIP E，et al. Tarlatamab for patients with previously treated small-cell lung cancer. N Engl J Med，2023，389（22）：2063-2075.

[93] MASUDA N，FUKUOKA M，KUSUNOKI Y，et al. CPT-11：a new derivative of camptothecin for the treatment of refractory or relapsed small-cell lung cancer. J Clin Oncol，1992，10（8）：1225-1229.

[94] SMIT E F，FOKKEMA E，BIESMA B，et al. A phase Ⅱ study of paclitaxel in heavily pretreated patients with small-cell lung cancer. Br J Cancer，1998，77（2）：347-351.

[95] SMYTH J F，SMITH I E，SESSA C，et al. Activity of docetaxel（taxotere）in small cell lung cancer. The early clinical trials group of the EORTC. Eur J Cancer，1994，30（8）：1058-1060.

[96] MASTERS G A，DECLERCK L，BLANKE C，et al. Phase Ⅱ trial of gemcitabine in refractory or relapsed small-cell lung cancer：Eastern Cooperative Oncology Group trial 1597. J Clin

Oncol, 2003, 21（8）: 1550-1555.

[97] EINHORN L H, PENNINGTON K, MCCLEAN J. Phase Ⅱ trial of daily oral VP-16 in refractory small cell lung cancer: a Hoosier Oncology Group study. Semin Oncol, 1990, 17（1 S2）: S32-35.

[98] JASSEM J, KARNICKA-MŁODKOWSKA H, VAN POTTELSBERGHE C, et al. Phase Ⅱ study of vinorelbine（navelbine）in previously treated small cell lung cancer patients. EORTC Lung Cancer Cooperative Group. Eur J Cancer, 1993, 29（12）: 1720-1722.

[99] PIETANZA M C, KADOTA K, HUBERMAN K, et al. Phase Ⅱ trial of temozolomide in patients with relapsed sensitive or refractory small cell lung cancer, with assessment of methylguanine-DNA methyltransferase as a potential biomarker. Clin Cancer Res, 2012, 18（4）: 1138-1145.

[100] BLANCO A C, MENDIVIL A F N, DOGER D S B, et al. 1989MO lurbinectedin（LUR）in combination with pembrolizumab（PBL）in relapsed small cell lung cancer（SCLC）: the phase Ⅰ/Ⅱ LUPER study. Ann Oncol, 2023, 34（S2）: S1060-1061.

[101] RUSSO-CABRERA J S, AIX S P, COZAR P, et al. 1050P sensitization to immunotherapy through manipulation of tumor transcription by lurbinectedin. Ann Oncol, 2023, 34（S2）: S636.

[102] JOHNSON M, AWAD M, KOYAMA T, et al. OA05. 05 ifinatamab deruxtecan（I-DXd; DS-7300）in patients with refractory SCLC: a subgroup analysis of a phase 1/2 study. J Thorac

Oncol，2023，18（S11）：S54-55.

[103] CHENG Y，WANG J，YU Y，et al. Phase Ⅰ/Ⅱ combination study of tifcemalimab with toripalimab in patients with refractory extensive stage small cell lung cancer（ES-SCLC）. J Clin Oncol，2023，41（S16）：S8579.

[104] CHRISTODOULOU M，BLACKHALL F，MISTRY H，et al. Compliance and outcome of elderly patients treated in the concurrent once-daily versus twice-daily radiotherapy（CONVERT）trial. J Thorac Oncol，2019，14（1）：63-71.

[105] CORSO C D，RUTTER C E，PARK H S，et al. Role of chemoradiotherapy in elderly patients with limited-stage small-cell lung cancer. J Clin Oncol，2015，33（36）：4240-4246.

[106] MURRAY N，GRAFTON C，SHAH A，et al. Abbreviated treatment for elderly，infirm，or noncompliant patients with limited-stage small-cell lung cancer. J Clin Oncol，1998，16（10）：3323-3328.

[107] DAMHUIS R A M，SENAN S，BELDERBOS J S. Usage of Prophylactic Cranial Irradiation in Elderly Patients With Small-cell Lung Cancer. Clin Lung Cancer，2018，19（2）：e263-267.

[108] 中国临床肿瘤学会免疫治疗专家委员会.免疫检查点抑制剂特殊人群应用专家共识.临床肿瘤学杂志，2022，27（5）：442-454.

[109] 中国医师协会肿瘤医师分会，中国医疗保健国际交流促进会肿瘤内科分会.肺癌脑转移中国治疗指南（2021年版）.中华肿瘤杂志，2021，43（3）：269-281.

[110] KHUNGER M，RAKSHIT S，PASUPULETI V，et

al. Incidence of pneumonitis with use of programmed death 1 and programmed death-ligand 1 inhibitors in non-small cell lung cancer: a systematic review and meta-analysis of trials. Chest, 2017, 152 (2): 271-281.